Bruno Faulhaber
Ein Banker auf Abwegen

Bruno Faulhaber

Ein Banker auf Abwegen

Rediroma-Verlag

Bibliografische Information der Deutschen Nationalbibliothek:
Die Deutsche Nationalbibliothek verzeichnet diese Publikation in der Deutschen Nationalbibliografie; detaillierte bibliografische Daten sind im Internet über http://portal.dnb.de abrufbar.

ISBN 978-3-96103-906-7

Umschlagillustration: Hunter Bliss Images

www.rediroma-verlag.de
14,50 Euro (D)

Inhalt

Ein junger Jurist aus begütertem Hause 7
Torstens nächtliche Gedanken 14
Weitere Überlegungen, erste Pläne 18
Konkrete, erweiterte Pläne 22
Suche nach geeigneten und willigen Helfern 26
Die kriminelle Uhr in Torsten tickt weiter 29
Ernüchterung und Neuplanung 34
Ein Intermezzo, das Torsten nachdenklich stimmte 39
Muss es dann eine Entführung sein? 42
Durch Zufall wird Torstens kriminelle Energie erneut geweckt 45
Ein weiterer Entführungsplan muss fallengelassen werden 49
Der Oberbürgermeister wird entführt 59
Lösegeld – die Polizei wird eingeschaltet 81
Der Oberbürgermeister wird freigelassen 92
Die Soldaten versuchen es selbst 95
Großangelegte Polizeiaktionen 114
Suche nach einem Killer 127
Viktors Ausflug nach Amsterdam 133
Der Killer trifft Vorkehrungen und führt seinen Auftrag aus 139

Die polizeilichen Maßnahmen werden verstärkt 149
Nach dem Mörder von Soldat Mike wird intensiv gefahndet.. 157
Torsten Mulander macht eine Risikoanalyse.... 160
Der Killer wird gefasst und entkommt dann wieder.. 164
Soldat Urs wechselt seinen Verteidiger aus...... 182
Wie ging es weiter, was geschah mit den involvierten Figuren?... 190

Ein junger Jurist aus begütertem Hause

Mit zweiunddreißig Jahren war er bereits Dr. iur. und bekleidete in einer großen Bank eine wichtige Kaderposition, nahe bei CEO und Aufsichtsrat. Aber der Reihe nach, von wem wird hier gesprochen? Von Torsten Mulander. Dieser stammt aus einer reichen Anwaltsfamilie. Bereits sein Großvater war Anwalt und sein Vater stieg in dessen Fußstapfen. Vater Jürgen Mulander, zweiundsechzig Jahre alt, führt heute eine europaweit angesehene Anwaltskanzlei in einer großen Bankenmetropole. In dieser arbeiten nebst ihm auch drei weitere Juristen. Diese Kanzlei ist spezialisiert auf Verwaltungsmandate, aber auch strafrechtlich schuldig gewordene Klienten, namentlich solche aus der Bankenbrache, werden von ihr meisterhaft und oft mit Erfolg vor Gericht vertreten. Die Mutter von Torsten, mit achtundfünfzig Jahren immer noch eine sehr attraktive Blondine, ist eine geborene Bergmann und stammt ebenfalls aus gutem Hause. Ihr Vater war Arzt und verdiente als Orthopäde eine Menge Geld. Sie selbst hatte in jungen Jahren Philosophie studiert und auch abgeschlossen. Torsten hatte eine ältere Schwester, die Ärztin geworden war, und einen jüngeren Bruder, der zurzeit ein Studium an einer technischen Hochschule absolvierte.

Torsten war aufgrund seiner Gene und seines schnellen Auffassungsvermögens von Kind auf ein guter, ja sogar ein sehr begabter Schüler, und so lag es auf der Hand, dass er Abitur machte und danach Jus studierte. Das erste und zweite Staatsexamen schaffte er mit links. Sein Vater erwartete von ihm aber nicht nur einen Masterabschluss, sondern verlangte von seinem Sohn, dass er auch promovieren würde.

Mit der Idee seines Vaters, ihn jetzt noch weiter büffeln zu lassen, konnte sich Torsten nicht anfreunden. Es wusste aber schon, dass er sich nicht gegen den Willen seines mächtigen Vaters auflehnen konnte. Torsten gehörte bereits zu der jüngeren Generation, für die ein Doktortitel zwar gut, aber nicht zwingend auch erstrebenswert war.

Nun ging es zuerst einmal darum, ein Thema für die Dissertation zu finden. Vater Jürgen Mulander meinte, es wäre klug, einmal über den Nutzen der modernen Informations-Technologie in der Juristerei zu schreiben. So entstand schließlich das Thema für eine Dissertation. Diese sollte die Überschrift „Kann die moderne IT-Technik künftig auch in der Juristerei eingesetzt werden?“ tragen. Die Planung und Erstellung einer solchen Doktorarbeit war für Torsten mit viel Arbeit verbunden. Obwohl er ein kluger Kopf war, brachte ihn diese Arbeit zeitweise, vor allem weil er von

IT nicht viel verstand, an Grenzen, die ihm unüberwindlich schienen. Aber auch in diesem Lebensabschnitt stand ihm die Glücksgöttin Fortuna zur Seite. Vater Mulander fand für seinen Sohn einen Doktorvater, den er gut kannte. Dieser, Professor Uwe Weislinger, hatte auch gute Kontakte in die Computerbranche. Er konnte dorthin seine Fühler ausstrecken und Meinungen einholen. Vater und Doktorvater waren Torsten bei der Fertigung der Dissertation in jeglicher Hinsicht behilflich. Torsten ging es gemächlich, aber durchaus ernsthaft an. Dies wurde ihm auch vom Elterhaus her ermöglicht. Er ging während dieser Zeit keiner geregelten Arbeit nach. Zeitweise jobbte er in der Anwaltskanzlei seines Vaters. Auch ohne feste Anstellung konnte Torsten sehr gut leben. Seine Eltern versorgten ihn laufend mit den nötigen Barmitteln. Mit zweiunddreißig Jahren wurde Torsten zum Dr. iur. promoviert. Dieser Anlass wurde von seiner Familie groß gefeiert. Als Anerkennung erhielt Torsten von seinen Eltern einen nigelnagelneuen, teuren Sportwagen der Marke Porsche geschenkt. Vater Mulander bedankte sich aber auch beim Doktorvater von Torsten und überreichte Uwe Weislinger einen Check mit einer beachtlichen Summe. Jürgen Mulander wusste sehr wohl, dass Professor Weislinger die Dissertation seines Sohnes erheblich gefördert und vorangetrieben hatte. Auch dass diese Arbeit schließlich von der Promotionskommission gutgeheißen wurde, war nicht zuletzt der Verdienst von Weislinger.

Insbesondere Torstens Mutter, aber natürlich auch Vater Jürgen wünschten sich, dass sich ihr Sohn in Bälde mit einer jungen Frau verbinden würde und sie schon bald einmal Großeltern werden könnten. Dazu ging die Mutter mit List an die Sache. Sie lud zur Dissertationsfeier im Familienkreise auch junge Frauen aus dem Bekanntenkreis ein, in der Hoffnung, ihr Torsten könnte an einer dieser hübschen und intelligenten Frauen Gefallen finden. Vorläufig blieb der Wunsch der Mutter aber unerfüllt. Torsten wechselte die Freundinnen so oft, dass man sich bei Mulanders zu Hause stets fragte, wen Torsten wohl jetzt wieder anschleppen werde.

Vater Jürgen Mulander ging davon aus, dass sein gescheiter Filius in seine Anwaltskanzlei einsteigen und dort sukzessive Mandate vor allem im Verwaltungsrecht übernehmen würde. Doch Torsten entsprach diesem Wunsch nicht, noch nicht. Er wollte nicht, dass man ihm, dem ohnehin schon privilegierten Sohn auch noch nachsagen konnte, der Vater habe ihm nun auch noch einen roten Teppich für den Berufseinstieg gelegt. Vielmehr besprach er sich mit seinem Erzeuger, dass es für ihn eben gut wäre, nun zuerst einmal außerhalb von Vaters Einfluss Fuß zu fassen. Torsten tischte schnell die Idee auf, es würde ihn reizen, in die Rechtsabteilung einer großen Bank einzutreten. Dem Vater gefielen diese Worte nicht sonderlich. Allzu gerne hätte er seinen Anwaltskollegen in der Kanzlei gezeigt, was aus seinem Sohn geworden war. Er sah aber ein, dass die Argumente seines Sohns nicht völlig von der Hand zu weisen waren. Also begann er damit, für seinen Sohn eine geeignete Stelle zu suchen. Dies fiel ihm nicht schwer, da seine Anwaltskanzlei oft für die Großbank Karlen arbeitete. Er kannte dort die einflussreichen und maßgebenden Leute der Geschäftsleitung und des Aufsichtsrates. Innerhalb von vierzehn Tagen war auch dieser Deal perfekt. Torsten konnte am ersten August bei Karlen anfangen.

Kurz darauf bezog Torsten in der Nähe der Bank, in der er nun tätig war, eine modern ausgebaute Dachwohnung. Diese befand sich in einem Haus, welches einem Freund seines Vaters gehörte. Deshalb musste Torsten nicht eine ortsübliche Miete, sondern eine wesentlich geringere bezahlen. Hauseigentümer Matthias Solinger war dies so recht. Er freute sich sogar damit seinem Kollegen, Jürgen Mulander, einen Gefallen zu tun.

Die Arbeit in der Bank erfüllte ihn. Er fand es interessant, in die Protokolle des Aufsichtsrates

Einblick zu haben. Somit war er auch immer über die neuesten Strategien der Bank unterrichtet.

Torsten, ein schöner, großgewachsener Mann, kam auch bei den Frauen gut an. Einige von den weiblichen Arbeitskolleginnen schwärmten für ihn. Sein Vater hatte auch in Bezug auf die Liebe andere Pläne, als dem Sohn recht waren. Jürgen wollte seinen Sohn mit der Tochter eines steinreichen Immobilienbesitzers verheiraten. Hier allerdings traute sich Torsten, sich gegen den Willen seines Vaters aufzulehnen. Zumindest vorläufig war dieser strategische Schachzug von Mulander sen. gescheitert.

Torsten genoss das Leben, er war von zu Hause aus schon reich und verdiente gut. Er konnte sich vieles leisten. Er fuhr gerne mit seinem tollen Sportwagen aus und feierte ausgiebig und teuer mit seinen Freunden aus der Studienzeit und aus der Bank.

Die Jahre vergingen, schon schnell wurde Torsten in der Bank vom Prokuristen zum Vizedirektor befördert. Mit dieser Beförderung nahmen auch seine Kompetenzen in der Bank zu. Er wurde unter anderem auch verantwortlich für einen Teil des Sicherheitssystems. In dieses arbeitete er sich mit großem Interesse ein. Er musste feststellen, dass das Gebäude, in dem er arbeitete und für dessen Sicherheit er nun auch mitverantwortlich war, bestens gegen alle Möglichkeiten von Einbrüchen und sonstigen Angriffen mittels modernster Technik geschützt war.

Torstens nächtliche Gedanken

Torsten Mulander war von Natur aus kein Verbrecher. Er hatte alles, was man sich wünschen konnte. Er hatte reiche, gescheite Eltern, konnte studieren, bekam eine tolle Stelle und verdiente dank der exzellenten Ausbildung schon in jungen Jahren eine Menge Geld. Torsten hatte es nicht nötig, sich illegal noch mehr Geld zu beschaffen. Es war nicht Armut oder Not, die ihn antrieb, eine kriminelle Tat zu begehen. Vielmehr war es eine innere Unruhe und die Langeweile, die bei ihm solche Gedanken aufkommen ließen. Nächtelang überlegte er, wie man das Sicherheitssystem seiner Bank trotz aller modernsten Sicherheitsvorkehrungen knacken könnte. Er sah aber keine Lücke im Sicherheitsdispositiv. Es war einfach in jeglicher Hinsicht dicht, ja sogar genial. Seine Gedanken drehten sich oft, vor allem in den langen Nächten darum, wie man trotz aller Sicherheitsmaßnahmen die Bank um Millionen erleichtern könnte. Dabei stand für ihn fest, überfallen konnte man sie nicht. Überall waren Überwachungskameras angebracht. Es gab keinen Winkel, der von den Kameras nicht eingesehen werden konnte. Und die Polizeihauptwache lag in unmittelbarer Nähe. Bei einem Alarm wäre die Polizei innerhalb von drei Minuten auf dem Platz.

In seiner Funktion als Quasi-Sekretär des Aufsichtsrates hatte er zu verschiedenen, auch vertraulichen Unterlagen Zugang. Er durfte, ja musste sogar Fragen stellen, um gewisse Abläufe zu optimieren. So hatte er auch zum bankinternen Sicherheitsdienst zutritt. Einmal pro Jahr musste die Bankleitung mit einem umfassenden Bericht zuhanden des Aufsichtsrates, auch zum aktuellen Stand der Sicherheit in und um die Bank Stellung nehmen. Dies ermöglichte es Torsten, ganz legal mit den Verantwortlichen der Sicherheitsabteilung vertiefte Gespräche zu führen. Der Chef dieser Abteilung, Konrad Wilchen, ein sechzigjähriger Mann, fühlte sich gebauchpinselt, dem jungen, gescheiten Torsten Fragen über seinen Bereich zu beantworten. Er gab Torsten Auskunft auf alle Fragen und nannte obendrein noch viele Details, nach denen dieser gar nicht gefragt hatte. Unter anderem vernahm Torsten bei diesen Gesprächen auch, dass demnächst die permanente Kameraüberwachung noch erweitert werden sollte. Interessant war für Torsten auch, dass alle im Sicherheitsbereich tätigen Mitarbeiter periodisch überwacht würden. Diese Aufgabe wurde von einer bekannten und renommierten Detektei wahrgenommen. Und Wilchen erzählte mit Inbrunst weiter, dass unlängst ein junger Mann in diesem Netz hängen geblieben sei. Dieser habe in illegalen

Spielclubs gezockt und dabei Geld verloren. Dieser Mitarbeiter musste die Bank umgehend verlassen, hätte er doch für die Sicherheit ein Risiko dargestellt. Außerdem würde die Detektei auch den persönlichen Umgang der Sicherheitsleute periodisch überprüfen. Konrad Wilchen war stolz auf seinen Bereich, dem er immerhin schon fünfundzwanzig Jahre lang vorstand. Torsten bedankte sich bei Wilchen und schrieb in den nächsten Wochen für den CEO, beziehungsweise zuhanden des Aufsichtsrates einen gekonnten Bericht über den aktuellen Zustand des Sicherheitssystems.

In den Nächten ließ sich Torsten dieses erlangte Wissen durch den Kopf gehen. Er kam wieder zu dem Schluss, dass hier bei seiner Arbeitgeberin in Sachen Sicherheitsdispositiv nichts schief laufen konnte. Diese Erkenntnisse stachelten Torsten an, weiter darüber nachzudenken, wie das Unmögliche, die Bank um einen großen Betrag zu erleichtern, doch noch möglich gemacht werden könnte.

Von Anfang an war für ihn klar, eine solche Tat durfte unter keinen Umständen mit seiner Person in Verbindung gebracht werden. Er durfte sich nicht in den Vordergrund begeben und auch keine Leute miteinbeziehen, die ihn kannten. In diesem Moment erinnerte er sich an die alten Kriminalfilme, bei denen ein gewisser Dr. Mabuse seinen Untertanen jeweils unsichtbar und per Lautsprecher Befehle für Verbrechen erteilt hatte. Mabuse war dabei nie direkt selbst in Erscheinung getreten. Torsten mochte diesem Vorgehen durchaus etwas abzugewinnen. So konnte man sich schon zu Beginn der verbrecherischen Planungen aus der Schusslinie halten. Das Modell *Mabuse* gefiel ihm. Er nahm sich vor, dieses vorab einmal gedanklich weiterzuentwickeln. Mit dieser Variante konnte man Dritten Befehle erteilen und diese mussten oder sollten dann einen von ihm stammenden Plan in die Tat umsetzen. Nun das klang ja alles phantastisch und einleuchtend. Aber er, Torsten, hatte ja noch nicht einmal eine Idee, wie man seiner Bank Millionen abluchsen könnte.

Weitere Überlegungen, erste Pläne

Torsten dachte weiter darüber nach, wie man die Bank eben doch dazu bringen könnte, einen großen Betrag auszuspucken. Das Sicherheitssystem, das er nun kannte, schien ihm nach wie vor unüberwindbar. Er ersann alle erdenklichen Varianten, verwarf sie dann aber allesamt schnell wieder. Er wusste, sie konnten nicht funktionieren und würden bei der realen Durchführung kläglich scheitern.

Ein Ereignis, das sich zur selben Zeit in der Realität zutrug, ließ ihn aufhorchen und auf eine andere Idee kommen. In allen Zeitungen war von der Entführung eines reichen Mannes zu lesen. Dieser wurde bei Nacht und Nebel gekidnappt. Die Angehörigen wurden aufgefordert, für die Freilassung des bekannten Industriellen eine stattliche Summe zu bezahlen.

Torsten überlegte: Wäre es wohl einen Gedanken wert, auch für seinen Plan eine solche Richtung einzuschlagen? Sollte man einfach seinen Chef, den CEO der Bank, in der er arbeitete, entführen und für ihn ein hohes Lösegeld verlangen? Wäre dies nicht einfacher, als Löcher durch die Wand der Bank zu bohren? Dieser Gedanke ließ Torsten fortan nicht mehr los. Er überlegte sich schon, wo der CEO gekidnappt werden und wo man ihn bis zur Übergabe des Lösegeldes unterbringen könnte.

Die Frage, wo man den Generaldirektor packen und entführen könnte, war nach Meinung von Torsten nicht so schwer zu beantworten. Er kannte als engster Mitarbeiter auch gewisse private Gepflogenheiten seines Vorgesetzten. Dieser begab sich an bestimmten Samstagen auf einen Golfplatz, wo er zusammen mit anderen honorigen Persönlichkeiten dem Golfball nachjagte. Torsten wusste, der CEO fuhr ohne Bodyguard zum Golfplatz. Der Weg von der Villa des CEO zum Golfplatz führte durch ein kleines Wäldchen. Dort müsste man den Wagen stoppen, ihn behändigen und schnell in ein nicht weit entfernt gelegenes Versteck fahren.

Nun hatte sich ein erster, wenn auch noch nicht detaillierter Entführungsplan im Kopf von Torsten niedergeschlagen. An den folgenden Samstagen beobachtete er, wann der CEO seine Villa jeweils verließ. Er fuhr ihm auf Distanz nach und sah, zu welcher Uhrzeit dieser beim Golfplatz ankam. Diese Bespitzelung führte Torsten während vier aufeinanderfolgenden Samstagen aus. Dabei stellte er fest, dass der CEO sein Haus immer pünktlich um neun Uhr verließ und immer ziemlich exakt um Viertel nach zehn Uhr beim Golfplatz eintraf. Das besagte Wäldchen passierte er meist so um Viertel vor zehn Uhr. Allerdings an einem Samstag, an dem es stark regnete, verzichtete der CEO darauf den Golfplatz aufzusuchen. Er blieb zu Hause.

Torsten erschien eine Entführung nach diesem Plan möglich. Aber wie konnte so etwas in die Tat umgesetzt werden, wenn er als Urheber des Verbrechens ja im Hintergrund bleiben wollte? Es war klar, für diese Tat brauchte es Leute, die in der Lage wären, den Plan auch sauber und ohne Aufsehen durchzuführen. Wo aber konnte man als gutbetuchter, und aus gutem Hause stammender Sohn an solche Leute herankommen? Kontakte ins Verbrechermilieu gingen Torsten völlig ab.

Es ging aber auch um die Abschätzung des Risikos. Was würde alles passieren, wenn der CEO dieser großen Bank tatsächlich entführt würde? Bei der Bank würde eine Lösegeldforderung eintreffen. In diesem Schreiben wäre vermerkt, man dürfe die Polizei nicht einschalten, sonst wäre der CEO verloren, das heißt in diesem Falle würde er umgebracht. Mit Sicherheit bekäme Torsten, der ja nahe am CEO arbeitete, Wind von der Entführung. Wer müsste in einem solchen Fall Entscheidungen treffen? Der stellvertretende CEO, der Aufsichtsrat und die bankeigene Sicherheitsabteilung. Diese Organe würden beraten und entscheiden, was zu tun sei. Dabei wäre wohl kaum davon auszugehen, dass die Bank die Forderung der Entführer einfach so erfüllen würde. Vielmehr wäre es wahrscheinlicher, dass die Verantwortlichen der Bank umgehend die Polizei verständigen würden. Diese wiederum würde Großalarm auslösen und Heerscharen von Beamten würden an der Aufklärung dieses Falles arbeiten. Dies bedeutete für Torsten sich so eine „Übung“ gut zu überlegen.

Konkrete, erweiterte Pläne

Torsten überlegte sich nun, wie und wo man Leute rekrutieren konnte, die bereit wären, eine solche Tat auf Anweisung durchzuführen. Wo konnte man solche Menschen auftreiben und sie erst noch von einem derartigen Plan überzeugen?

Von einem Juristen einer anderen Großbank wusste Torsten, dass dort auf unteren Chargen auch Menschen, die einmal mit dem Gesetz in Konflikt geraten waren, beschäftigt werden. Vielleicht waren darunter auch solche, die man kontaktieren konnte. Aber wie sollte man an diese herankommen? Der Gedanke drängte sich auf, ob vielleicht auch in seiner Bank solche Leute beschäftigt werden. Das herauszufinden war für Torsten kein Problem. Er stellte dem Sicherheitschef der Bank, Konrad Wilchen, diese Frage. Dieser verneinte und erwähnte, er wüsste aber, dass bei einer anderen Bank eben solche Figuren wieder in den Arbeitsprozess eingegliedert würden. Dies wusste Torsten aber schon.

Torsten kam in den Sinn, dass er früher, in der Zeit, in der er während des Studiums in der Anwaltskanzlei seines Vaters gejobbt hatte, Einsicht in eine entsprechende Akte gehabt hatte. Dabei war es um einen Betrüger gegangen, der von seinem Vater vor Gericht verteidigt worden war und es sich aufgedrängt hatte, diesen nach der Verbüßung der Strafe wieder in die Gesellschaft und in das Geschäftsleben einzugliedern. Aber um wen hatte es sich dabei noch gleich gehandelt? Den Namen hatte Torsten vergessen. Bei einem Mittagessen im Hause seines Vaters lenkte Torsten das Gespräch bewusst auf die Wiedereingliederung von einmal Gestrauchelten und sagte zu Jürgen, seinem Vater: „Du hast doch einmal bei einer Verteidigung mit einem solchen Fall zu tun gehabt. Ich musste doch seinerzeit bei dir in der Kanzlei für die Verteidigungsstrategie gewisse Abklärungen vornehmen."

Als die anderen Familienmitglieder den Tisch verlassen hatten, sagte der Vater zu seinem Sohn: „Ja, ich mag mich an diesen Fall erinnern, ich habe diesem Mann, er heißt Lars Krauschke, nach der Verbüßung der Strafe geholfen, wieder eine Anstellung zu finden. Sein Bewährungshelfer war seinerzeit Altrichter Gerhard Hämmler."

Der Vater wusste sogar noch, wo sein Mandant gewohnt hatte. Jürgen Mulander fragte seinen Sohn: „Warum interessierst du dich dafür?"

Torsten meinte lakonisch, man müsse seiner Meinung nach auch dafür sorgen, dass solche Leute nicht mehr straffällig werden, und dazu gehöre es auch, ihnen wieder ein geordnetes Umfeld zu vermitteln.

Der Vater: „Genauso ist es, ich bin völlig deiner Meinung, man merkt schon, du bist mein Fleisch und Blut.“

In den nächsten Tagen stellte Torsten Nachforschungen an und hörte, dass der ehemalige Zuchthäusler Krauschke noch an der von seinem Vater angegebenen Adresse wohnte. Einmal lauerte er Krauschke morgens auf und ging ihm nach. Er sah, wie dieser zu einem Großverteiler ging, dorthin, wo ihn sein Vater seinerzeit vermittelt hatte. In der Folge konnte Torsten herausbringen, dass Krauschke dort als Buchhalter arbeitete. War Krauschke ein Mann, den er für die Durchführung seiner Pläne anheuern könnte?

Einmal nahm Torsten an einer Zusammenkunft seiner ehemaligen Gymiklasse teil. Dort war es lustig, und man sprach über die und über den. Er hörte dabei, dass einer, der fehlte, später katholischer Priester geworden sei. Silke wusste dies, weil sie im Dorf wohnte, wo Peer Rödlinghaus die Pfarrstelle innehatte. Sie wusste ferner auch, dass dieser zocke und schon einmal in die Kasse der Kirche gegriffen habe. Torsten konnte sich dies zwar nicht vorstellen, aber man sagt ja, wo Rauch ist, ist auch Feuer. Er ging dieser bei der Klassenzusammenkunft gehörten Episode nach und konnte mit einem Trick bei der dortigen Kirchenverwaltung in Erfahrung bringen, dass Peer Rödlinghaus tatsächlich ein Spielproblem hatte. Torsten fragte sich, wäre vielleicht auch dies ein Mann, den er für seine Pläne begeistern könnte? Vielleicht hat der Kirchenmann wegen der Zockerei ja auch Schulden und wäre froh, sich nebenbei etwas verdienen zu können.

Suche nach geeigneten und willigen Helfern

Die Rekrutierung von geeigneten und verlässlichen Personen beziehungsweise Mittätern war eine wichtige Sache. Aber das war nur ein Teil der Planung. Es mussten ja noch viele andere Dinge geklärt werden. Wie soll die Entführung vor sich gehen? Wie konnte man beispielsweise das Auto des CEO in der kleinen Waldschneise zum Anhalten bringen? Wie soll er dann dingfest gemacht werden? Und letztlich musste auch noch ein Versteck gefunden werden, wo man den Entführten für eine gewisse Zeit unterbringen konnte. Als Erstes schaute sich Torsten einmal das kleine Wäldchen an, durch das der CEO jeweils zu seinem Golfspiel fuhr. Positiv war zu bemerken, diese Straße war nicht dicht befahren. Aber trotzdem konnte es sein, dass just in dem Moment, wo die Entführung über die Bühne gehen sollte, ein anderes Auto auftauchen würde. Das wiederum würde die Sache erschweren und möglicherweise zum Scheitern bringen. Torsten kam deshalb zu dem Schluss, dass der eigentliche Entführungsakt, nämlich das Behändigen des CEO sehr schnell vor sich gehen müsste. So etwa in der Reihenfolge: Wagen stoppen, den Mann sofort zum Aussteigen zwingen, Umladen in einen kleinen Transporter und schelle Fahrt zum Versteck. Ja, in Gedanken war es einfach, den CEO zu überwältigen, aber wie sah dies in der Praxis aus, würde er sich wehren? In diesem Moment wurde Torsten bewusst, dass die von ihm angeheuerten Mittäter sich ebenfalls intensiv mit der Frage des Wie beschäftigen mussten. Und wie sollte das gelingen, wenn er, Torsten, ja im Hintergrund bleiben wollte? Er konnte den Verbrechern zwar einen schriftlichen Befehl erteilen, aber diesen in die Tat umsetzen mussten die Anderen. Klar war sofort, auch die angeheuerten Täter mussten den Ort zuerst einmal auskundschaften und sich überlegen, wie der CEO gefangen genommen werden könnte.

Dann war eben auch ein Versteck nötig, um den CEO über eine gewisse Zeit gefangen zu halten. Wohin konnte man ihn bringen? Geeignet dazu wäre wohl ein abgelegenes und unbewohntes Haus. Und deshalb suchte Torsten an den nächsten Wochenenden in dieser Gegend nach einem abgelegenen Haus. Er fand aber keines. Es gab in der Nähe verfallene Hütten. Diese eigneten sich aber nicht als sicheres Versteck. Auf einer Anhöhe befand sich eine neuere Jagdhütte. Diese könnte als Versteck dienen. Was aber, wenn ausgerecht in der Zeit, wo sich der CEO darin befand, jemand die Hütte besuchen würde? Also war auch diese Variante mit einem gewissen Risiko behaftet. Aber irgendwo musste man den Entführten ja unterbringen. Torsten konnte ihn schlecht einfach zu sich nach Hause nehmen und in den Heizungskeller sperren. In der weiteren Umgebung fand sich noch ein alter Armeebunker. Dieser wies eine gewisse Größe auf, war aber weitgehend im Zerfall begriffen. Was, wenn der Bunker ausgerechnet in der Zeit, in der der CEO darin weilte, gänzlich zusammenfallen und den CEO unter sich begraben würde? Also musste auch dieser Ort wieder schleunigst aus dem Plan gestrichen werden. Torsten musste feststellen, dass dieses Problem nicht einfach zu lösen war. Er fragte sich dann, weil er nicht mehr so richtig wusste, wie es weiterhegen sollte, ob es an ihm sei, alle Details selbst zu planen. Konnte er nicht einfach seinen angeheuerten Mittätern sagen, sie müssten nach einem geeigneten Versteck suchen? So könnte er diesen Gaunern suggerieren, sie seien nicht nur ausführende Figuren, sondern hätten auch wichtige Planungsarbeiten zu leisten. Wäre das vielleicht ein Weg?

Je länger Torsten über sein Vorhaben nachdachte, umso mehr überkamen ihn Zweifel. War so eine Tat überhaupt durchführbar, ohne dabei erwischt zu werden? In der Folge legte er seine nächtlichen Hirngespinste vorläufig erst einmal auf Eis.

Die kriminelle Uhr in Torsten tickt weiter

Fast drei Jahre lang dachte Torsten nicht mehr daran, seiner Bank einen Streich zu spielen, um von dieser mit der Entführung des CEO Geld zu erpressen. Nun aber kamen bei ihm erneut solche Gedanken auf. Es ließ ihm keine Ruhe, es musste doch irgendwie möglich sein, seine früheren Pläne neu zu beleben und sie so zu überarbeiten, dass man sie auch ohne allzu großes Risiko in die Praxis umsetzen konnte.

Mit Blick auf die Industrie, wo für große Erzeugnisse jeweils als Vorlauf Prototypen erstellt wurden, freundete sich Torsten mit dem Gedanken an, dass man zuerst eine Probeentführung planen und durchführen sollte. Dabei würde dann ersichtlich, wo die Schwachstellen lägen und wo noch Verbesserungen im Plan und in der Durchführung vorgenommen werden müssten.

Er überlegte sich, in einer ersten Phase nicht den großen CEO der Karlen Bank zu entführen, sondern eine andere, aber auch finanziell potente Person. In diesem Zusammenhang dachte er an einen erfolgreichen Entertainer, der während vieler Jahre im Fernsehen große Kisten geschoben und dabei enorm viel Geld verdient hatte. Diesen Mann könnte man doch – quasi als Generalprobe – entführen und schauen, wie die ganze Sache mit dem

Lösegeld ablaufen würde. Aber auch hier galt seine Devise, unter allen Umständen im Hintergrund zu bleiben. Dies aber bedeutete wiederum, er musste andere Leute mit der Durchführung beauftragen. Und schon stand die Frage im Raum: Wen konnte man damit beauftragen und wer würde bei einem so riskanten Unterfangen mitmachen? Von Neuem kehrte Torsten in seine früheren Überlegungen zurück und dachte an Peer Rödlinghaus, den katholischen Pfarrer, der spielsüchtig war. Auch Robert Krauschke konnte als Proband in Frage kommen. Dieser wurde seinerzeit von seinem Vater verteidigt und war schon seit zwei Jahren wieder auf freiem Fuß. Aber wie sollte er vorgehen? Er, Torsten, wollte unbedingt im Hintergrund bleiben, also konnte er den beiden möglichen Entführern nicht persönlich begegnen. Auch telefonieren wäre zu riskant. Mit einem Telefonat könnte man später eine Verbindung zu ihm herstellen. Also verblieb nur noch die alte, gute Briefpost. Nach vertieftem Nachdenken schrieb er Rödlinghaus und Krauschke einen Brief, natürlich ohne Absender.

Sehr geehrter Herr Pfarrer, Sie werden über diesen Brief mehr als nur erstaunt sein. Ich fordere Sie nämlich auf, mir bei der Entführung einer bekannten Persönlichkeit behilflich zu sein. Selbst-

verständlich werden Sie einen großen Anteil am erpressten Lösegeld behalten können. Ich weiß, dass Sie Spielschulden haben und einem Nebeneinkommen sehr wohl zugetan sind. Wenn Sie an diesem „Auftrag“ interessiert sind, zeigen Sie mir dies bitte, indem Sie am Sonntag, dem 23. Februar den Turm ihrer Kirche mit der Europafahne beflaggen. Sollten Sie aber mit diesem Schreiben zur Polizei gehen, werde ich Ihre Spielsucht in noch weiteren Kreisen publik machen und dafür sorgen, dass ihre Gläubiger das geschuldete Geld ohne Skrupel eintreiben werden.

Dem anderen Probanden, Krauschke, schrieb Torsten ebenfalls, allerdings ohne einen Hinweis auf ein aktuelles Verfehlen. Indessen beschwor er auch Krauschke, mit niemandem über diesen Brief zu sprechen, sonst drohe ihm Ungemach. Auch er sollte sein Einverständnis mit einem Zeichen bestätigen. Dazu sollte er am Samstag, dem 22. Februar, zwischen halb neun und halb zehn Uhr ein weißes Tuch aus dem Fenster seiner Wohnung, auf Seite Becherstraße, hängen.

Der 22. Februar war gekommen. Torsten fuhr in die Nähe der Wohnung von Krauschke. Weder auf der Vorder- noch auf der Rückseite der Wohnung war ein weißes Tuch zu sehen. Einen Tag später fuhr Torsten in die etwas außerhalb der großen Stadt gelegene Gemeinde, wo Peer Rödlinghaus als Pfarrer amtete. Von Weitem sah man den Kirchturm. Torsten fuhr um die Kirche herum. Aus dem Turm ragten aber weder eine Europa- noch eine andere Fahne.

Jetzt war klar, beide möglichen Mittäter gingen nicht auf sein Angebot ein. Torsten machte seine Drohungen nicht wahr, er wollte weder dem einen noch den anderen Unannehmlichkeiten bereiten.

Aber es kam noch schlimmer. Wieder einmal an einem Sonntag, an dem die Familie Mulander in der Villa der Eltern tafelte, bat Vater Jürgen Mulander seinen Sohn nach dem Essen in die Bibliothek. Dabei zog er die Schiebetüre zu, zündete sich eine teure Zigarre an und bot seinem Sohn ebenfalls eine an. Der Vater eröffnete das geheime Gespräch und sagte zu Torsten: „Magst du dich noch erinnern? Vor einiger Zeit hast du mir gesagt, es wäre notwendig, dass gescheiterte und straffällig gewordene Personen nach Verbüßung der Strafe schnell wieder in die Gesellschaft eingegliedert werden sollten. Ich habe dir damals vom Fall Robert Krauschke berichtet. Unter dem Siegel des Anwaltsgeheimnisses sage ich dir, dieser Mann war kürzlich in meiner Kanzlei und bat mich um Rat. Stell dir vor, jemand hatte Krauschke brieflich gebeten, bei einer Entführung mitzuwirken."

Torsten: „Und was hast du ihm für einen Rat gegeben?"

Der Vater: „Natürlich habe ich ihm geraten, mit diesem Brief zur Polizei zu gehen. Ich habe ihm auch anerboten, dies für ihn zu tun oder ihn dorthin zu begleiten. Das aber wollte Krauschke nicht, ich weiß nicht, war er nun getan hat."

Torsten meinte, das sei ja allerhand, dass es so etwas gebe. Er verzog keine Miene und tat erstaunt. Nun wusste er, sein möglicher Proband könnte eventuell zur Polizei gegangen sein. Aber was würde diese tun? Wahrscheinlich nicht viel, es war ja noch nichts passiert.

Ernüchterung und Neuplanung

Torsten sah ein: Ein solches Unterfangen tatsächlich durchzuziehen, war alles andere als einfach. Und die Idee, brieflich nach Mittätern zu suchen, war wohl auch nicht gerade das Gelbe vom Ei. Aber er war nach wie vor der Ansicht, er dürfe selber nicht in den Vordergrund treten. Er musste also für die Durchführung der Tat irgendwelche geeigneten Leute anheuern. Aber wie? Und die Gegenseite, die Polizei, durfte er auch nicht unterschätzen. Die war mit allen Wassern gewaschen und hatte in der Bearbeitung von anderen, ähnlichen Straftaten eine gewisse Erfahrung. Außerdem verfügten die Strafverfolgungsbehörden über einen gewaltigen Apparat an personellen und technischen Ressourcen, die sie beim Vorliegen eines solchen Falles mit Knopfdruck in Bewegung setzen konnten. Er, Torsten, der Möchtegernentführer, stünde allein mit seinen angeheuerten Kumpels da, würde über keine Unterstützung verfügen und die ganze Sache müsste unter einem enormen Zeitdruck abgewickelt werden. Torsten war nahe daran, alles zu vergessen und aufzugeben.

Doch wieder dachte Torsten nach. Der Beizug von Drittpersonen war notwendig, alleine konnte er eine solche Nummer nicht durchziehen. Und den Grundsatz, selbst im Hintergrund zu bleiben, wollte er unter keinen Umständen über Bord werfen. Aber eben – unter dieser Voraussetzung musste er Leute für die Drecksarbeit finden. Jedoch wie und wo?

Seinen obersten Chef zu entführen war vielleicht doch eine Nummer zu groß. Aber die Idee reizte ihn immer noch. Nun sann er darüber nach, den Plan umzukrempeln. Er erinnerte sich an seine Idee, eventuell den berühmten Entertainer als Entführungsopfer auszuwählen. Auch dieser war finanziell potent und wäre in der Lage, ein hohes Lösegeld für seine Freilassung zu bezahlen. Er wohnte in der großen Stadt, wo sich auch die Bank, seine Arbeitgeberin befand, in einem neuen, noblen Quartier. Alle nannten ihn nur Fritzchen. Er war Torsten ohnehin unsympathisch, er fand ihn arrogant und großmäulig. Fritzchen verkehrte oft in einer teuren Bar in der Innenstadt. Dort bewunderten ihn die anderen Gäste, vor allem die weiblichen. Dies gefiel dem Gigolo. Auch Torsten war schon in dieser Bar gewesen und regte sich über das Gehabe von Fritzchen auf. Nach Torstens Schätzung dürfte dieser Mann bestimmt über ein Barvermögen von mindestens zehn Millionen Euro verfügen. Also begab sich Torsten an einem Abend im September wieder einmal in diese Bar. Und siehe da, so gegen neun Uhr abends traf auch

Fritzchen, begleitet gleich von zwei jungen, attraktiven Frauen ein. Dieser genoss die Aufmerksamkeit der Gäste und schmiss eine Runde Champagner. Auch Torsten bekam ein Glas davon. Über den ehemaligen Entertainer war auch in der Regenbogenpresse viel zu lesen. In dieser wurden unter anderem jeweils Fritzchens neueste Frauenbekanntschaften, teils sogar namentlich, erwähnt. Dabei durften auch Fotos nicht fehlen. Fritzchens angetraute Gattin, eine mit ihren sechzig Jahren immer noch bewundernswerte Frau, wusste von den Eskapaden ihres Mannes. Sie nahm diese aber hin und ging ihrem eigenen Leben nach. Auch sie war kein Kind von Traurigkeit.

In den nächsten Wochen beschattete Torsten Fritzchen an vier Abenden. Einmal, an einem Freitag, sogar erfolgreich. Torsten fuhr bei diesen Übungen nicht seinen eigenen Wagen, sondern einen Mietwagen der einfachen Mittelklasse. Falls ihn Fritzchen im Rückspiegel entdecken sollte, könnte man nicht aufgrund des Autos auf ihn Rückschlüsse ziehen. An jenem Freitag hängte sich Torsten an den Wagen von Fritzchen, als dieser sich gerade von der Bar entfernte. Er fuhr an eine Straße in der Innenstadt. Dort parkte der Entertainer seinen Wagen, einen Porsche Cayenne, vor einem Hochhaus mit vielen Wohnungen. Zum

Glück fand auch Torsten sofort einen Parkplatz. Nun musste er sich beeilen, um den Gigolo, der schon ausgestiegen war, nicht aus den Augen zu verlieren. Fritzchen steuerte direkt auf den Eingang des Hochhauses zu. Torsten war nahe an Fritzchen dran. Er sah, wie der Gigolo den dritten Klingelknopf von oben auf der Reihe ganz rechts außen drückte. Als der Entertainer im Hauseingang verschwunden war, schaute sich Torsten das Namensschildchen an. Auf diesem stand *F. Gerler*. Torsten vermutete, dass es sich beim Namen F. Gerler um eine der Freundinnen von Fritzchen handeln könnte. Die Beschattung hatte erste Früchte getragen. Mit weiteren Recherchen fand Torsten heraus, F. Gerler war eine ungefähr vierzigjährige, langbeinige und sehr attraktive Frau. Sie war früher Modell gewesen und besaß heute in der Innenstadt eine Boutique mit teuren und extravaganten Kleidern und Accessoires. Die Lust, Detektiv zu spielen, war in Torsten geweckt. Eines Tages ging er zusammen mit einer netten Begleiterin, einer Kollegin aus der Bank, wie zufällig in die Boutique und kaufte dieser dort einen teuren Fummel. Sie hatte keine Ahnung, wie ihr geschah. Sie merkte nicht, dass es Torsten eben um die Bedienung in der Boutique und weniger um sie ging. Er musste schon zugeben, Fritzchen hatte einen guten Geschmack. Sollte er vielleicht diese Frau entführen, beziehungsweise entführen lassen und dafür bei Fritzchen fünf Millionen Euro verlangen? Würde dieser so viel ausspucken? F. Gerler war ja nicht die einzige Freundin von Fritzchen. Würde er sie deshalb einfach fallen lassen und für sie keinen Cent Lösegeld bezahlen? Ja, dem konnte allenfalls so sein. Deshalb glaubte Torsten, es wäre wohl klüger, Gigolo Fritzchen selbst zu entführen und bei seiner Frau abzukassieren.

Ein Intermezzo, das Torsten nachdenklich stimmte

Wieder, bei einem sonntäglichen Besuch in der Villa der Eltern, nahm Vater Jürgen Torsten auf die Seite und eröffnete ihm Folgendes: „Torsten, ich habe mit dir unlängst über meinen ehemaligen Mandanten Robert Krauschke gesprochen, der eine briefliche Einladung bekommen hatte, bei einer Entführung mitzuwirken. Ich habe Krauschke geraten, damit zur Polizei zu gehen. Sein Bewährungshelfer, der alte Richter, Dr. Gerhard Hämmler, rief mich kürzlich an. Er wusste, dass sein Schützling wegen dieser Sache bei mir gewesen war. Hämmler bestand darauf, mit dem Brief, den Krauschke bekommen hatte, zur Polizei zu gehen. Hämmler fragte mich, ob ich etwas dagegen einzuwenden hätte. Ich sagte nein, ich habe Krauschke als er bei mir war, ja auch auf diese Möglichkeit hingewiesen. Die Polizei wird vermutlich, wenn Richter a. D. Hämmler damit aufkreuzt, die Sache nicht einfach unter den Tisch kehren. Sie wird den Brief untersuchen lassen, nach etwaigen Spuren suchen und wenn möglich abklären, auf welcher Schreibmaschine oder auf welchem PC der ominöse Brief geschrieben wurde. Diese Untersuchungen werden dann wohl keine neuen Erkenntnisse ans Tageslicht bringen.

Mehr wird die Polizei meines Erachtens nicht vorkehren.“

Torsten nahm mit Interesse von den Ausführungen seines Vaters Kenntnis. Den Brief an Krauschke hatte er auf einem alten PC, der nicht am Netz hing, geschrieben. Gedruckt wurde er ebenfalls auf einem alten Drucker, mit dem auch keine Verbindung nach außen hergestellt werden konnte. Und überhaupt, es würde niemand zwischen ihm und Krauschke eine Verbindung suchen oder gar eine solche herstellen können. Er trug Handschuhe bei dieser Arbeit und achtete darauf keine DNA abzugeben. Torsten musste sich vor diesen Untersuchungen nicht fürchten.

Rechtsanwalt Jürgen Mulander erfuhr dann über sein Beziehungsnetz, dass – nachdem Altrichter Hämmler zusammen mit Krauschke wegen des Briefes bei der Polizei vorstellig geworden sei – diese, wie von ihm vermutet, eine Untersuchung eingeleitet hatte. Schon ziemlich bald hatte man einen früheren Zellengenossen von Krauschke in Untersuchungshaft genommen. Man ging davon aus, dieser könnte der Briefschreiber gewesen sein und auf diese Weise versucht haben, Krauschke zu einer Entführung zu überreden. Allerdings stellte sich ziemlich schnell heraus, dass dem nicht so sein konnte. Deshalb musste dieser Mann wieder aus der U-Haft entlassen werden.

Muss es dann eine Entführung sein?

Gewalt war dem intellektuellen Torsten zutiefst zuwider. Aber es war auch klar, eine Entführung konnte nicht ganz ohne Gewalt vonstattengehen. Man musste das Opfer mit roher Körperkraft kidnappen und es irgendwo gefangen halten. Um den Forderungen Nachdruck zu verleihen, müsste eventuell sogar noch weitere Gewalt angewendet werden. Das passte Torsten nicht. Und vor allem hatte er nun feststellen müssen, dass nicht einfach Leute gefunden werden konnten, die bereit waren, auf seinen Befehl hin eine Entführung durchzuführen. Und eben, selbst in Erscheinung treten wollte er unter keinen Umständen.

Torstens Gedanken waren wieder bei Fritzchen. Ein geeignetes Opfer wäre dieser arrogante Gigolo schon, und Geld für die Bezahlung eines beachtlichen Lösegelds wäre auch vorhanden. Aber eben nicht er, der intelligente Torsten, würde die eigentliche Drecksarbeit verrichten, sondern jemand anders müsste Fritzchen überwältigen und ihn in ein Versteck bringen.

Gab es dann nicht eine einfachere Lösung, konnte man Fritzchen nicht ohne Entführung dazu bringen, einen größeren Geldbetrag herauszurücken? Aber wie, er wusste nicht, mit was man Fritzchen hätte erpressen oder sonst wie belasten können. Dass er nebst seiner Frau auch meist sogar mehrere Freundinnen „bewirtschaftete“, war ja kein Verbrechen, und seine angetraute Gattin wusste ja ohnehin von diesen Episoden. Und überhaupt, in diesen durchlauchten, superreichen Kreisen gehörte solches Tun eigentlich schon zum guten Ton.

Viel später trug sich Torsten mit dem Gedanken, Fritzchen einfach einen Brief zu schreiben und ihn darin zu bitten, eine größere Summe an einem bestimmten Ort zu hinterlegen, quasi als Versicherung, damit ihm und seinen Lieben nichts passiere. Würde Fritzchen darauf eingehen? Wohl kaum. Um bei ihm eine solche Großzügigkeit zu erreichen, müsste schon ein Ereignis eintreten, dass ihn das Fürchten lehren würde. Aber was? Sollte man ihn entführen und bei seiner Frau Lösegeld einfordern? Würde diese für die Freilassung ihres ungetreuen Ehemanns wirklich bezahlen?

Und immer wieder stand der Leitsatz, nicht an vorderster Front mitzuwirken, ganz oben auf der Vorsichtsliste. Er, Torsten, durfte kein Risiko eingehen. Die eigentliche Frontarbeit mussten andere für ihn erledigen. Aber, diese Anderen hatte er noch immer nicht gefunden.

Torsten legte seine Entführungs- und Erpresserpläne vorerst wieder einmal auf Eis. Es war der Moment gekommen, wo er fest davon überzeugt war, so etwas würde in der Realität mit Sicherheit schief gehen.

Durch Zufall wird Torstens kriminelle Energie erneut geweckt

Rechtsanwalt Jürgen Mulander hatte sich vor Kurzem bei einem Sturz einen Fuß gebrochen und war deshalb in seiner Mobilität eingeschränkt. Als die Familie wieder einmal am Sonntag gemeinsam in der Villa tafelte, bat Jürgen seinen Sohn, er möge ihm doch die Akte Simmerling aus dem Büro holen, damit er diese zu Hause studieren könne. Torsten kannte sich im Büro seines Vaters von seinen früheren Jobs aus. Jürgen gab dem Sohn die Haus- und Büroschlüssel und erklärte diesem, wo sich die besagte Akte befand.

Torsten fuhr in die Stadt zum Büro seines Vaters und fand die Akte auf Anhieb. Jetzt hätte er diese einfach behändigen und sofort seinem Vater bringen können. Torsten aber war neugierig. Er wollte wissen, was darin stand. Er wusste nämlich: Simmerling war ein Politiker und zwar Stadtrat in der bedeutenden Finanzmetropole. Dort war er für Bau und Immobilien zuständig. Aus der Akte ging hervor, dass sein Vater für seinen Mandanten Simmerling gegen jemanden eine Ehrverletzungsklage in die Wege leiten sollte. Dieser jemand beschuldigte Stadtrat Simmerling der Bestechlichkeit. In dieser Akte fanden sich aber auch verschiedene Handnotizen seines Vaters. Offenbar hatte dieser bereits Erkundigungen über Simmerling eingeholt. Diese ließen Jürgen wohl annehmen, der von jemandem gemachte Vorwurf sei nicht völlig von der Hand zu weisen. Konkret ging es um die Erstellung eines neuen, großen Gebäudes für die Stadt. Simmerling hatte auf die Vergabe dieses Auftrages einen großen, maßgebenden Einfluss. Die Person *Jemand* wolle wissen, Simmerling habe sich von der überregional tätigen Baufirma Imensa für die Zuhaltung dieses Auftrages mit hunderttausend Euro schmieren lassen. Aufgrund der Handnotizen merkte Torsten, dass sein Vater seinem Mandanten nicht traute. Irgendwo stand darin auch: *Ich muss mit Simmerling über die erhobenen Vorwürfe ausführlich sprechen und gegebenenfalls dieses Mandat ablehnen.*

Erst jetzt, nachdem Torsten die Akte gelesen und kopiert hatte, brachte er diese seinem Vater in die Villa.

Torsten stellte dann für sich noch weitere Ermittlungen an und erfuhr dabei, dass Stadtrat Simmerling auf dem gleichen Villahügel wohnte, wo auch Fritzchen ansässig war. Es wurde in gewissen Kreisen gemunkelt, Simmerling habe sich beim Bau seines villaähnlichen Hauses finanziell übernommen. Die vielen Extrawünsche der Bauherrschaft hätten zu einer erheblichen Kostenüberschreitung geführt. Offenbar hatte Simmerling deshalb trotz seines hohen Lohnes als Stadtrat finanzielle Probleme. Einige Handwerker drohten ihm sogar wegen der unbezahlten Rechnungen die Betreibung an. Solche Vorkommnisse konnten schnell das Ende seiner politischen Karriere bedeuten, das wusste Simmerling.

Torsten dachte lange über diese Geschichte nach. Der Vorwurf der Bestechlichkeit bestand vermutlich zu Recht. Simmerling brauchte nämlich Geld, viel Geld, um seinen Verpflichtungen nachzukommen. Konnte man eventuell Simmerling dazu bringen, Fritzchen, der nicht weit von ihm weg wohnte zu entführen, um damit seine Geldsorgen zu eliminieren? Was würde Simmerling wohl tun, wenn er ihn anonym kontaktieren und ihm einen solchen Vorschlag unterbreiten würde?

Aber würde Fritzchens Frau überhaupt bezahlen? Diese Frage hatte sich Torsten schon ein paar Mal durch den Kopf gehen lassen. Sicher war, Fritzchen verfügte über viel Kapital. Ihn als Opfer beziehungsweise als Lösegeldzahler in die Entführungspläne einzubeziehen, war jedenfalls einen Gedanken wert. Torsten sondierte und sammelte weitere Daten aus dem Leben der Familie von Fritzchen. Dieser hatte nebst einem Sohn auch eine dreißigjährige Tochter, die er über alles liebte. Hanna, eine lebensbejahende, hübsche junge Frau wohnte mit ihrem Lebensgefährten in einem Dorf ungefähr zwanzig Kilometer von der Großstadt entfernt. Sie hatte seinerzeit Sprach- und Literaturwissenschaften studiert und unterrichtete nun seit rund drei Jahren als Lehrbeauftragte an der Grundus Universität der Landeshauptstadt. Müsste man nicht viel eher die Tochter anstelle des Vaters entführen? Fritzchen würde bestimmt bereit sein, für die Freilassung seiner geliebten Tochter ein hohes Lösegeld zu bezahlen.

Ein weiterer Entführungsplan muss fallengelassen werden

Torsten überlegte, sollte er Simmerling einfach zur Entführung von Fritzchens Tochter Hanna auffordern und ihm bekannt geben, wie viel vom Lösegeld er behalten dürfte und wie viel er dem Initianten, nämlich ihm, Torsten, abgeben müsste? Nein, so wird es nicht gehen, es muss schon ein konkreterer Plan vorliegen. Dies bedeutete nun wieder, sich zu überlegen, wo man Hanna, Fritzchens Tochter, überwältigen und dingfest machen könnte. Auch müsste man sie bis zur Bezahlung des Lösegelds irgendwo unterbringen.

Während der nächsten Ferien beschattete Torsten Hanna auf ihren Wegen zur und von der Uni. Sie reiste mit der S-Bahn in die Landeshauptstadt und ging dort, wo sie wohnte, vom Bahnhof aus zu Fuß nach Hause zurück. Dieser Weg war knapp einen Kilometer lang und ging eine kurze Strecke durch eine schlecht beleuchtete Unterführung. Hier konnte man sie vielleicht abfangen. Dazu war aber mindestens ein kurzer Gewaltakt notwendig. Freiwillig würde sich die junge Frau wohl kaum überwältigen lassen. Anschließend müsste man sie betäuben und in ein Versteck fahren. Und wo sollte sich dieses befinden? Torsten dachte, man könnte sie ja in einem Kellerabteil der Villa

Simmerling gefangen halten. Aber dieser Simmerling, wäre er in der Lage, die eigentliche Drecksarbeit zu verrichten? Er ist ein kräftiger Mann von gut vierzig Jahren. Rein körperlich wäre er der jungen Frau bestimmt weit überlegen. Aber konnte dieser das auch, würde er es tun? Er war ja nicht Berufsverbrecher, sondern Stadtrat. Müsste man Simmerling erlauben, für die Ausführung des eigentlichen Entführungsaktes noch jemanden beizuziehen? Das waren Fragen, die noch offen blieben.

Wie weiter? Torsten entschied sich, brieflich mit Simmerling in Kontakt zu treten. Dies natürlich im Wissen, dass dieser möglicherweise sofort die Polizei verständigen würde.

Sehr geehrter Herr Stadtrat Simmerling,

dieser Brief wird Sie überraschen. Ich fordere Sie nämlich auf, mir bei der Entführung von Hanna, der Tochter von Fritzchen, der unweit von Ihnen wohnt, behilflich zu sein. Ich weiß, dass Sie in Geldnöten stecken und deshalb von einer Baufirma bereits eine Schmiergeldzahlung für die entsprechende Vergabe eines Projekts entgegengenommen haben. Gewisse Leute haben Ihnen dies auch schon vorgeworfen. Sie wissen genau, dass wenn diese Geschichte allgemein publik würde,

Sie als Politiker nicht mehr haltbar wären und Ihnen wegen Bestechlichkeit eine Strafe drohen würde.

Wir haben etwas gemeinsam, beide brauchen wir Geld. Ich schlage Ihnen deshalb vor, die Tochter Ihres Nachbarn zu entführen. Dieser verfügt über sehr viel Geld und wäre in der Lage, ein hohes Lösegeld zu bezahlen. Ich denke dabei an zwei Millionen Euro. Diesen Betrag würden wir uns teilen. Somit wäre uns beiden geholfen. Sie könnten Ihren finanziellen Verpflichtungen wieder ordentlich nachkommen, das schon erhaltene Schmiergeld an die Baufirma zurückzahlen und so ihren Stadtratsposten sichern. Auch ich könnte das Geld gut gebrauchen, auch ich habe Schulden, die ich bezahlen muss.

Ich kann nicht selbst in Erscheinung treten, deshalb müssen wir den Korrespondenzweg wählen und dürfen unter keinen Umständen die modernen Kommunikationsmittel nutzen. Wenn Sie dabei sind, setzen Sie am Montag, dem 31. Januar die Europafahne in ihrem Garten vormittags auf Halbmast.

Am 31. Januar kontrollierte Torsten die Europafahne auf dem Grundstück von Stadtrat Simmerling und traute seinen Augen nicht, sie war tatsächlich auf Halbmast gesetzt. Damit signalisierte

Simmerling seine Zustimmung. War er, Torsten, nun einen Schritt weitergekommen? Aber halt, Vorsicht war geboten. Vielleicht war Simmerling ja schon bei der Polizei gewesen und diese hatte ihm geraten, vorläufig alles wie im anonymen Brief verlangt zu tun. Jetzt musste er mit Simmerling in einer Art, die ihn nicht verriet, Kontakt aufnehmen. Er wählte wieder den Weg über einen anonymen Brief.

Lieber Herr Simmerling,

Sie haben die Europafahne am besagten Tag auf Halbmast gesetzt. Ich betrachte dies als Ihre Zustimmung. Wir müssen nun einen Weg finden, damit wir ohne Telefon und ohne E-Mail miteinander kommunizieren können. Ich schlage vor, einen konspirativen Briefkasten einzurichten. Als Standort habe ich an die alte Liegenschaft Fliederhofstraße 4 gedacht. Dabei handelt es sich um ein schon lange leerstehendes Abbruchobjekt, welches sich im Eigentum Ihrer Stadt befindet und bisher nicht abgebrochen werden konnte, weil sich die Denkmalpflege dagegen wehrt. Wählen Sie den Briefkasten mit dem Namensschildchen B. Kümmerling *aus, nehmen Sie in Ihrem Amt den entsprechenden Schlüssel, lassen Sie davon eine Kopie machen, legen Sie den Zweitschlüssel in den*

Kasten und schließen Sie diesen nicht ab, damit meine Leute den Schlüssel behändigen können.

Die Formulierung *meine Leute* war nur ein Bluff. Auch später verwendete Torsten diese Wortwahl noch öfters. Damit gaukelte er den so Angesprochen vor, beim Anonymen handle es sich um eine ganze Verbrecherorganisation. In Tat und Wahrheit steckte er aber alleine dahinter und nahm einen völligen Solistenpart wahr.
Jetzt wurde es interessant, würde Simmerling den Briefkasten nun Tag und Nacht von der Polizei überwachen lassen, würde diese allenfalls eine Kamera installieren und deren Bilder direkt in die Leitstelle übermitteln lassen? Nun, ein gewisses Risiko war immer dabei. In einer Nacht, gegen Morgen, schlich sich Torsten in Mantel, Schal und Mütze gehüllt in die Nähe des Briefkastens. Er konnte weder Polizisten in Uniform oder in Zivil noch eine oder gar mehrere Kameras feststellen. Und siehe da, wie er Simmerling aufgetragen hatte, war der Briefkasten unverschlossen und darin lag der Zweitschlüssel. Der konspirative Briefkasten war errichtet.

Schon zwei Tage später fand Torsten darin auch einen Brief von Stadtrat Simmerling.

Lieber Anonymer,

ich antworte auf Ihre unverschämte Forderung, mich in einen Entführungsfall einzubeziehen nur deshalb, weil ich mich tatsächlich in argen Geldnöten befinde. Der Hausbau ist viel teurer geworden als geplant. Dem Architekten und den Handwerkern schulde ich noch eine Menge Geld. Wenn ich die vereinbarten Ratenzahlungen nicht termingerecht leiste, werden mich meine Gläubiger betreiben. Also bin ich auf eine derartig verwerfliche Nebeneinkunft angewiesen.

Allerdings muss ich Ihnen sagen, dass meine Familie Fritzchen und dessen Angehörige kennt. Wir waren schon bei Fritzchen eingeladen. Er, seine Frau und auch seine Tochter Hanna waren schon bei uns. Aus diesem Grund kann ich bei der Entführung von Hanna nicht mitwirken, sie würde mich auch verkleidet und maskiert sofort erkennen.

Ich weiß aber, dass Tochter Hanna ihren Vater Fritzchen schon mehrmals um einen Erbvorbezug gebeten hatte. Mit diesem Geld möchte sie für sich und ihren Freund eine Eigentumswohnung kaufen. Fritzchen hat aber bis anhin den Wunsch seiner Tochter nach Geld nicht erfüllt. Bei uns hat er einmal die Bemerkung gemacht, die Kinder sollen selber Geld verdienen, auch er habe alles selbst geschaffen. Dass ihm als Entertainer die horrenden Gagen nur so in den Rachen geworfen wurden, hat er aber mit keiner Silbe erwähnt. Ich will damit andeuten, dass möglicherweise Tochter Hanna bei einer Scheinentführung quasi den Lockvogel spielen könnte, um ihren Traum von einem Eigenheim endlich realisieren zu können. Hanna könnte sich dabei bei uns verstecken oder mit meiner Frau für eine gewisse Zeit ins Ausland fahren. Die beiden verstehen sich nämlich gut. Während der Abwesenheit der Tochter könnten wir dann Fritzchen eine Entführung vorgaukeln und von ihm ein hohes Lösegeld fordern. Ich denke dabei nicht nur an zwei, sondern an vier Millionen Euro. Geld hat Fritzchen nämlich mehr als Verstand!

Für diese Variante spricht auch, es müsste in keiner Weise Gewalt angewendet werden.

Was meinen Sie dazu, lieber Anonymer? Ich brauche dringend Geld.

Und noch etwas, bitte schreiben Sie mich nie wieder direkt an. Es besteht die Gefahr, dass meine Frau auch einen an mich gerichteten Brief öffnen könnte. Die Kommunikation zwischen uns muss über den konspirativen Briefkasten an der Fliederhofstraße 4 erfolgen!

Wieder in einer langen, finsteren Nacht leerte Torsten den geheimen Briefkasten. Er las den Brief von Simmerling und fand dessen Idee zuerst gar nicht so abwegig. Würde wohl Tochter Hanna mitspielen und würde sie früher oder später ihrem Vater oder ihrer Mutter von der Scheinentführung berichten? Nun, sollte diese Situation eintreten, wäre dies das Problem von Simmerling. Vor allem würde sich dann herausstellen, dass die Tochter vom Lösegeld nur fünfhunderttausend Euro erhalten hatte. Fritzchen würde sich fragen: Wo ist der Rest geblieben? – hatte er doch immerhin vier Millionen Euro für die Freilassung seiner geliebten Tochter bezahlt. Natürlich würde er sofort Simmerling verdächtigen und vielleicht die Polizei einschalten. Diese Vorgehensweise wäre nicht primär für ihn, Torsten, riskant, sondern vor allem für den ehrenwerten Herrn Stadtrat. Und es gäbe bei der Realisierung dieser Variante noch ein Problem. Frau Simmerling müsste ebenfalls mitspielen und mit Hanna eine gewisse Zeit verschwinden.

Je länger Torsten über Simmerlings Variante nachdachte, umso mehr kam er zu dem Schluss, dass diese schiefgehen würde. Er schrieb darauf Simmerling einen weiteren Brief:

Lieber Herr Simmerling,

ich habe lange über Ihre Idee nachgedacht. Ohne Zweifel hätte sie den Vorteil, man müsste keine Gewalt anwenden und Hanna nicht irgendwo versteckt halten. Aber die Risiken sind zu groß. Würde Hanna überhaupt mitspielen? Und was dann, wenn sie später ihrem Vater die ganze Sache eingestehen würde? Dann würde Fritzchen merken, dass hier noch jemand groß mitkassiert hatte. Und dieser jemand könnte folgerichtig eben nur Sie sein. Das Risiko für Sie ist viel zu groß. So kann diese Sache nicht abgewickelt werden.

Sie haben mir aber auch mitgeteilt, dass Ihre Geldnöte akut seien und Sie so schnell wie möglich Zahlungen an Ihre Handwerker leisten müssten. In meinem ersten Brief habe ich Sie angelogen, ich brauche nicht dringend Geld, im Gegenteil, mir geht es finanziell gut. Mit dem Gedanken eine Entführung aufzugleisen und durchzuführen, beschäftige ich mich aus lauter Langeweile. Weil ich aber für Ihre Sorgen Verständnis habe, werde ich Ihnen sofort eine Tranche von hunderttausend Euro in bar zur Verfügung stellen. Diese werde ich Ihnen bei einer erfolgreich abgelaufenen Entführungsaktion von Ihrem Lösegeldanteil abziehen.

Den konspirativen Briefkasten an der Fliederhofstraße 4 müssen wir aus Sicherheitsgründen aufgeben. Die neue Kontaktstelle findet sich an der Weringshauserstraße 8. Dabei handelt es sich um ein Hochhaus mit weit über hundert Wohnungen. Unser Briefkasten lautet auf den Namen W. Hiltinger. *Er befindet sich auf der linken Seite der vielen Briefkästen, es ist der viertunterste, ganz außen rechts. Den Schlüssel zu diesem Kasten finden Sie beim alten Treffpunkt. Auch findet sich darin ein Schlüssel für das Schließfach im Hauptbahnhof. Dort werden Sie den erwähnten Geldbetrag finden.*

Also, ab sofort verkehren wir nur noch über unseren neuen Briefkasten. Weiß Ihre Frau schon von der Hanna-Geschichte? Wenn dies nicht der Fall ist, könnten wir vielleicht Fritzchen auf eine andere Art und Weise zwingen, uns von seinem leicht verdienten Geld etwas abzugeben. Über das Wie werde ich nachdenken und bitte Sie, das Gleiche auch zu tun. Ich melde mich wieder.

Bei der Sache lag etwas im Argen. Torsten vermutete, dass Simmerling bereits schon mit seiner Frau über die Hanna-Entführung gesprochen hatte, wenn vielleicht noch nicht konkret, aber mindestens andeutungsweise. Dies bedeutete, die Variante mit Fritzchen musste man unbedingt streichen, sie war zu gefährlich.

Der Oberbürgermeister wird entführt

Es dauerte gar nicht lange und Torsten fand im neuen konspirativen Briefkasten eine Meldung von Simmerling.

Lieber Anonymer,

vorerst vielen Dank für das Geld, ich kann es dringend gebrauchen. Dieser Betrag ermöglicht es mir, erstmal das Schlimmste, das heißt die Betreibungen durch die Handwerker abzuwenden. Um alle Schulden tilgen zu können, brauche ich aber noch viel mehr Geld.

Leider habe ich mit meiner Frau über die Hanna-Entführung bereits gesprochen. Sie lachte und dachte, ich würde scherzen. Sie hat mich nicht ernst genommen, und somit geht auch keine Gefahr von ihr aus.

Ich habe über eine andere Entführung nachgedacht: Mein Vorgesetzter, Oberbürgermeister Frank Hirschling, ist bekanntlich auch ein reicher Mann. Er lebt in intakten Verhältnissen mit seiner Frau zusammen und hat vier Kinder. Über ihn weiß ich viele Details. Was meinen Sie, könnte er allenfalls als Hanna-Ersatz in Frage kommen?

Torsten fand dieses Schreiben. Simmerling hatte nun Appetit auf mehr bekommen. Seine immer noch latenten Geldnöte trieben ihn an, Torstens verbrecherische Gedanken aufzunehmen und zu entwickeln. Mit dem Geld hatte Torsten Stadtrat Simmerling regelrecht angefüttert. Dieser wollte weitermachen. Im Übrigen hatte Torsten anfänglich ja ähnliche Gedanken gewälzt, nämlich den CEO seiner Bank zu entführen. In der Absicht gab es hier durchaus Parallelen.

Torsten antwortete Simmerling sofort:

Lieber Herr Simmerling,

Ihre Idee finde ich gut. Sind Sie sicher, dass Oberbürgermeister Frank Hirschling tatsächlich reich ist und dass auch jemand – seine Familie und / oder die Stadt – bereit wäre, für ihn ein beachtliches Lösegeld zu bezahlen?

Bitte nennen Sie mir noch ein paar persönliche Details über den Oberbürgermeister.

Die Antwort von Simmerling kam schnell. In seinem Brief war zu lesen:

Lieber Anonymer,

Frank Hirschling stammt aus einer begüterten Familie. Unlängst ist sein Vater gestorben. Frank hat dabei mindestens drei Millionen Euro geerbt. Seine Familienverhältnisse sind intakt. Seine Frau und seine Kinder lieben ihn. Ich bin mir sicher, seine Familie, vielleicht zusammen mit der Stadt, würden für ihn ein Lösegeld von sagen wir mal zwei Millionen Euro auf den Tisch legen. Ich wüsste auch schon, wo man ihn bis zur Lösegeldübergabe unterbringen könnte.

Die Stadt besitzt an der nordwestlichen Stadtgrenze ein altes, teils baufälliges Haus. Dieses liegt etwas abgelegen in einer Waldlichtung. Die Liegenschaft ist wegen des schlechten Zustands schon seit Langem nicht mehr bewohnt. Sie wird sporadisch von Leuten aus meinem Amt kontrolliert. Auf die Kontrollen kann ich Einfluss nehmen, beziehungsweise diese steuern. Wir könnten somit dieses Haus als Versteck verwenden.

Frank kennt dieses Haus nicht, er war noch nie dort. Den Oberbürgermeister behändigen kann ich indessen nicht. Dazu bin ich nicht geeignet und stehe ihm viel zu nahe. Auch würde er mich, trotz Maskierung, sofort erkennen. Für die eigentliche Entführungsarbeit müssen wir jemand anderen rekrutieren. Melden Sie sich!

Torsten, ein überlegter Mann, machte schnell wieder eine Risikoanalyse. Wusste der Oberbürgermeister von Simmerlings Schulden und würde er nach seiner Freilassung eine Verbindung zu diesem herstellen können? Auf was für Gedanken konnte Frau Simmerling kommen, wenn sie von der Entführung des Oberbürgermeisters hören würde? Würde sie ihren Mann damit in Verbindung bringen? Dieser hatte ja unlängst von der Entführung von Hanna, Fritzchens Tochter, gesprochen.

Schließlich dachte Torsten: *Auch bei dieser Variante liegt das Risiko, wenn es überhaupt ein solches gibt, bei Simmerling. Er kennt mich nicht. Mir kann eigentlich, auch wenn die Geschichte auffliegen würde, nichts passieren.*

Jetzt ging es darum, die Einzelheiten zu planen. Das Versteck gab es schon. Ein schwieriger Teil des Plans war die Rekrutierung von Leuten, die die Drecksarbeit verrichten würden. Wer könnte da in Frage kommen, jemand aus dem Ganovenmilieu? Er erinnerte sich an seine Überlegungen, als er noch darüber nachgedacht hatte, den CEO seiner Bank zu entführen. Damals hatte er einen spielsüchtigen Priester und einen ehemaligen, aus dem Zuchthaus entlassenen Ganoven kontaktiert. Beide waren aber nicht auf sein Anliegen eingegangen.

Vor nicht allzu langer Zeit hatte der Kollege Dr. Heino Bach, ein Rechtsanwalt mit eigener Kanzlei, bei einem Mittagessen von Soldaten erzählt, die in Afghanistan gedient hätten und traumatisiert von dort zurückgekehrt seien. Nach ihrer Entlassung bei der Bundeswehr hätten diese es trotz der Bemühungen ihres ehemaligen Arbeitgebers schwer, wieder Fuß zu fassen. Der Kollege Bach hatte zwei Soldaten genannt, die wegen Raufhandels und Diebstählen mit dem Gesetz in Konflikt geraten seien. Er sei schon als Pflichtanwalt für sie tätig gewesen.

Torsten fragte sich, ob vielleicht solche Leute bereit wären, für ihn eine Entführung durchzuführen. Soldaten sind es gewohnt, Befehle entgegenzunehmen und diese auszuführen. Sie würden nicht lange über deren Sinn nachdenken. Natürlich müsste man diesen Leuten schon vor der Tat eine beachtliche Anzahlung anbieten, damit für sie auch ein Anreiz zum Mitmachen bestünde. Und woher würde die Anzahlung für diese Ganoven stammen? Natürlich von ihm, Torsten. Er wäre in der Lage dazu. An Geld hatte es ihm noch nie gemangelt.

Torsten schrieb an Simmerling:

Lieber Herr Simmerling,

ja. Ihre Idee könnte man umsetzen. Ich habe auch darüber nachgedacht, wer für uns die eigentliche Drecksarbeit verrichten könnte. Wenn Sie damit einverstanden sind, werde ich versuchen, zwei von Afghanistan zurückgekehrte Soldaten, denen es auch finanziell nicht gut geht, für diesen Job anzuheuern. Diese Männer müssten dann den Oberbürgermeister auch in das von Ihnen genannte Versteck bringen und ihn dort so lange festhalten, bewachen und füttern, bis die Lösegeldabwicklung erfolgt ist. Von diesem Geld – gehen wir von zwei Millionen Euro aus – müssten wir den beiden Soldaten auch noch etwas abgeben.

In seiner Antwort bestätigte Simmerling Torsten sein Einverständnis. Der Briefverkehr lief über den geheimen Briefkasten an der Weringshauserstraße 8.

Torsten musste nun die Adressen der beiden ehemaligen Soldaten ausfindig machen. Zu diesem Zweck lud er seinen Kollegen Heino Bach, von dem er von den beiden gehört hatte, zum Essen ein. Dabei redete man über alles Mögliche, vor allem über die Juristerei. Am Rande fragte Torsten seinen Gesprächspartner nach den zwei Soldaten und warf ein, diese seien sicherlich in einem Heim der Bundeswehr untergebracht. Der Eingeladene verneinte und wusste, die Bundeswehr hätte in unserer Stadt Wohnungen für solche Fälle. Eine von diesen sei den Soldaten außer Dienst, Mike und Urs, zur Verfügung gestellt worden. Dabei handle es sich nicht um eine alte, schlechte Behausung, sondern um eine Wohnung in einem komplett neu renovierten Mehrfamilienhaus. Der Herr Kollege verriet Torsten, ohne dass dieser danach fragen musste, sogar noch die Adresse, Wiesentalstraße 10. Jetzt musste Torsten nur noch die Namen der beiden herausfinden. Danach konnte er den Kollegen nicht auch noch fragen.

Bereits am nächsten Tag gelang es Torsten, die beiden Soldaten namentlich ausfindig zu machen. Noch in der gleichen Nacht schrieb er den beiden einen Brief.

Liebe Soldaten,
Sie haben in Afghanistan einen guten Job gemacht und dabei auch viel Schlimmes erlebt. Wir wissen, trotz Renten sind Ihre Einkommen bescheiden. Sie müssen den Euro, bevor Sie ihn ausgeben können, zweimal umdrehen. Wir haben einen Job für Sie. Sie müssen den Oberbürgermeister unserer Stadt entführen und in einem Versteck so lange festhalten, bis das Lösegeld bezahlt worden ist. Dafür

erhalten Sie im Voraus je zwanzigtausend Euro. Nach dem erfolgreichen Abschluss dieser Aktion werden Sie nochmals je sechzigtausend Euro erhalten. Teilen Sie uns mit, ob Sie diesen Auftrag ausführen möchten. Wenn ja, zeigen Sie Ihre Zustimmung, indem Sie sich am 23. Juni um vier Uhr nachmittags im Café Nadler, gleich Ihnen um die Ecke einfindet. Wir werden Sie dort aber nicht ansprechen, sondern nur beobachten lassen. Wenn Sie mit dieser Geste Ihre Zustimmung bekunden, werden Sie alles Weitere in Briefform erfahren. Sie müssen beide wissen, wir sind Ihnen überlegen, wir halten die Fäden in den Händen. Wenn Sie mit diesem Brief zur Polizei oder zur Bundeswehr gehen, können Ihnen diese auch nicht helfen und Ihre Honorare würden Sie damit ohnehin verscherzen.

Torsten hielt via Korrespondenzweg Simmerling auf dem Laufenden und teilte diesem unter anderem mit, dass der aktuelle konspirative Briefkasten an der Weringshauserstraße 8 nun wieder gewechselt werden müsse. Die neue Adresse: Veilchenweg 12, lautend auf den Namen R. Singlaut. Den Schlüsselwechsel nehmen wir genauso wie beim letzten Mal vor.

Kurz darauf fand Torsten im neuen Briefkasten die Antwort von Simmerling:

Lieber Anonymer,

die Idee mit den Soldaten finde ich gut. Wer entrichtet die Anfangszahlungen von je zwanzigtausend Euro? Ich nehme an, Sie. Ferner weiß ich, wo der Oberbürgermeister gefasst werden könnte. Immer, bei einigermaßen gutem Wetter, joggt er abends, und dies immer in etwa zur gleichen Zeit und auf der gleichen Strecke. Er rennt auf einem kleinen Waldsträßchen im Weiler Fundach vom großen Gutshof, wo auch ein Parkplatz ist, drei Kilometer bis zum großen Gebäude der Technischen Hochschule und dann wieder zurück. Fast der ganze Weg verläuft durch den Wald. Nach ungefähr einem Kilometer folgt eine Einmündung von einem anderen Waldsträßchen. Dort könnte man den Oberbürgermeister gut überwältigen. Es wäre meines Erachtens wichtig, dass die beiden Soldaten, sofern sie dann ja sagen, die Strecke erstmal auskundschaften. Ich meine, wir sind nun einen großen Schritt weitergekommen.

Am 23. Juni, kurz vor vier Uhr am Nachmittag, hielt sich Torsten ganz in der Nähe des Hauses auf, wo die beiden Soldaten wohnten. Er hatte sie noch nie gesehen, erkannte sie aber, als sie um viertel vor vier Uhr aus dem Haus traten. Beide trugen Baskenmützen und marschierten, so wie es

Soldaten während ihrer Dienstzeit gewohnt waren, zackig zum Café Nadler. Torsten verfolgte sie bis dorthin und sah, dass sie es betraten. Dieser Cafébesuch bedeutete das Einverständnis der beiden.

Nun wandte sich Torsten im Befehlston an die beiden Soldaten:

Meine Herren,

als Beilage erhalten Sie verschiedene Fotos, die wir der Presse entnommen haben und den Oberbürgermeister zeigen. Prägen Sie sich sein Gesicht ein! Rekognoszieren Sie in den nächsten Tagen die Laufstrecke, wo der OB jeweils abends joggt. Diese befindet sich beim Weiler Fundach an leichter erhöhter Lage auf der Westseite der Stadt, die Koordinaten liegen bei. Dort, beim großen Gutshof, beginnt der OB jeweils sein Training. Dies führt ihn dann ungefähr drei Kilometer weit bis zum markanten Gebäude der Technischen Hochschule und dann wieder zurück zum Ausgangsort. Zirka eineinhalb Kilometer vom Gutshof entfernt gibt es eine Stelle, wo ein anderes Waldsträßchen einmündet.

Besorgen Sie sich einen Kleintransporter, fahren am 3. Juli an die besagte Stelle und behändigen dort den OB. Es darf ihm dabei nichts passieren. Sollten Ihre Erkundigungen zu einem besseren

Entführungsort auf der gleichen Strecke führen, dürfen Sie auch diesen auswählen.

Fahren Sie den OB anschließend im Transporter zum Versteck. Dieses befindet sich bei der Koordinate XY die diesem Befehl ebenfalls beiliegt. Dort ist im Untergeschoss ein Zimmer für den OB vorbereitet. Dieses ist mit einem Bett, einem Stuhl und einem kleinen Tisch ausgestattet. In diesem Raum gibt es ferner eine Toilette und laufendes, kaltes Wasser.

Besorgen Sie ferner ein modernes Funkgerät mit einer Signalwirkung bis mindestens fünfzehn Kilometer und bezahlen dieses nicht mit Kreditkarte. Testen Sie es! Behalten Sie ein Gerät für sich, das andere legen Sie bis spätestens am 28. Juni in die Ablagebox unterhalb des Briefkastens, lautend auf den Namen S. Singlaut am Veilchenweg 12.

Ab dem 1. Juli ist das Funkgerät bis zum Abschluss der Entführung beziehungsweise bis zur Meldung, dass das Lösegeld bezahlt wurde, in Betrieb. Der erste Probekontakt findet am 1. Juli um sechs Uhr morgens statt.

Der OB ist dreimal am Tag mit Getränken und Essen zu versorgen. Achten Sie auf seinen Gesundheitszustand. Bei Bedarf beschaffen Sie die notwendigen Medikamente.

Seien Sie bei allen Begegnungen mit dem OB maskiert. Sie dürfen nicht mit ihm sprechen. Wenn kommuniziert werden muss, schreiben Sie Ihre Antworten auf Zettel. Diese sind nach Gebrauch jeweils sofort wieder zu vernichten.

Sobald die Aktion beendet beziehungsweise das Lösegeld bezahlt ist, geben wir Ihnen Bescheid. Fahren Sie dann den OB zurück in die Stadt und lassen Sie ihn dort frei.

Sie werden dann einen Tag später Ihr restliches Honorar in Ihrem Briefkasten finden.

Nochmals, es darf dem OB kein Haar gekrümmt werden!

Sie werden in ein bis zwei Tagen einen Brief erhalten. In diesem findet sich ein Schlüssel für ein Schließfach im Hauptbahnhof. Dort haben wir für Sie Ihr Anfangshonorar hinterlegt.

Sollten Sie noch Fragen haben, schreiben Sie diese auf ein Blatt und werfen es in einem Umschlag in den oben erwähnten Briefkasten.

Torsten ließ auch dieses Mal Simmerling eine Kopie zugehen und bat diesen, den neuen konspirativen Briefkasten demnächst zu leeren, weil er dazu keine Zeit hätte. Dabei ging es dem schlauen Torsten darum, allenfalls, wenn es schiefliefe – das heißt, falls die Polizei den Briefkasten überwachen sollte –, nicht in die Falle zu tappen.

Kurze Zeit später meldete sich Simmerling über den Briefkasten am Veilchenweg. In seiner Meldung war zu lesen:

Lieber Anonymer,

ich habe den Briefkasten geleert. In diesem befand sich ein Blatt der Soldaten. Sie wollen eine Garantie, dass sie nach erfolgter Arbeit auch den ihnen versprochenen Lohn erhalten. Ferner lassen sie durchblicken, sie möchten einen größeren Anteil an der Beute und würden gerne die Aktion Geldübergabe selber organisieren und durchführen.

Das hatte gerade noch gefehlt, dass die beiden Ex-Soldaten auch noch Wünsche äußerten. Umgehend schrieb Torsten den beiden Ganoven einen Brief. Die Kopie davon warf er für Simmerling in den Briefkasten am Veilchenweg.

Meine Herren,

wie Sie schon wissen, erhält jeder von Ihnen ein Anfangshonorar von zwanzigtausend Euro. Sie dürfen versichert sein, am Ende Ihres Auftrages auch noch den Rest von je sechzigtausend Euro zu erhalten. Mit der Geldübergabe, die ein besonde-

res Risiko beinhaltet, werden Sie aus Sicherheitsgründen nichts zu tun haben. Sie können immer noch aussteigen. Merken Sie sich aber, unsere Organisation ist Ihnen überlegen und kann Sie jederzeit und überall erreichen. Führen Sie den ihnen erteilten Auftrag exakt gemäß unserer Weisung aus und sprechen Sie mit niemandem darüber. Sie waren Soldaten und wissen, einen Befehl hat man korrekt und termingerecht auszuführen. Wenn Sie an dieser Sache weiter interessiert sind, schreiben Sie dies auf einen Zettel und werfen Sie diesen in den gleichen Briefkasten wie schon ihre letzte Meldung.

Simmerling bekam von dieser Depesche eine Kopie. Torsten bat Simmerling periodisch nachzusehen, ob am Veilchenweg eine Antwort der Soldaten eingetroffen war. Er wurde auch darauf hingewiesen, darauf zu achten, dass ihn die Soldaten bei der Leerung des Briefkastens nicht beobachten konnten. Torsten befürchtete nämlich, dass die beiden Ganoven aus lauter Neugier eben dies tun könnten.

Es dauerte nicht lange und Simmerling gab Torsten brieflich bekannt, die Soldaten hätten zugesagt und seien bereit, den Befehl wie vorgegeben auszuführen. Die ihnen zugesicherte Erstzahlung soll in einem Schließfach im Hauptbahnhof hinterlegt werden.

Noch in derselben Nacht legte Torsten das Anfangshonorar von insgesamt vierzigtausend Euro in einem Umschlag in das Schließfach beim Hauptbahnhof. Danach ließ er den Schlüssel Nr. 861 den beiden Soldaten auf dem Postweg und mit der Notiz, ihr Anfangshonorar liege bereit, zugehen. Auch dieses Geld musste Torsten vorschießen und das im Bewusstsein, dass wenn die Sache schieflaufen würde, er nie mehr einen Cent zurückerhalten würde. Das tat ihm schon etwas weh. Aber eben, Geld hatte er ja genug.

Torsten wandte sich an seinen prominenten Komplizen:

Lieber Herr Simmerling,

jetzt geht die Sache los. Das Anfangshonorar habe ich in der Nacht in das Schließfach beim Hauptbahnhof gelegt. Ich bitte Sie nun, die Frontarbeiten zu koordinieren. In der heiklen Phase der Entführung ist es notwendig, mit den Soldaten auf kurzem Weg zu kommunizieren. Ich bitte Sie, am ersten Juli, um sechs Uhr morgens, eine Funkverbindungskontrolle vorzunehmen. Und noch etwas: Der Briefkasten muss nochmals gewechselt werden. Die neue konspirative Adresse ist nun Rasal-

zerstraße 45. Dabei handelt es sich um ein Mehrfamilienhaus mit sechzig Wohnungen. Der Briefkasten ist der zweite von oben, in der vierten Reihe. Den neuen Schlüssel dazu finden Sie noch am Veilchenweg. Ab sofort laufen unsere Kontakte über diesen Briefkasten! Mich informieren Sie bitte laufend über alles via den neuen konspirativen Briefkasten. Den Erpresserbrief an die Stadt erhalten Sie demnächst über den gewohnten Briefweg.

Simmerling freute sich über diese Meldung nicht. Er merkte wohl, der Anonyme wollte sich bei der Tatbegehung unter allen Umständen weit von der Front fernhalten. So dachte er mindestens. Das Risiko, direkt mit den Soldaten zu kommunizieren musste er alleine auf sich nehmen. Das passte ihm nicht. Seine argen finanziellen Verhältnisse ließen ihm aber keine andere Wahl. Die Sache war aufgegleist und musste nun realiter durchgeführt werden.

Der Herr Stadtrat machte wie befohlen am 1. Juli, um sechs Uhr am Morgen eine Funkverbindungskontrolle. Dabei verstellte er seine Stimme. Er betonte im Funkverkehr sei er *Kormoran* und sie, die Soldaten, *Azubi*.

Azubi ließ Kormoran wissen, dass sie die Strecke, wo der OB jeweils läuft, erkundigt hätten und ihn genau an dem Ort, wie im Befehl erwähnt, in ihre Gewalt bringen würden. Der Transporter, ein blauer alter Ford, sei auch bereits beschafft und mit einer falschen Nummer ausgestattet worden. Auch den Unterbringungsort hätten sie angeschaut. Dabei hätten sie die Sicherungsvorkehrungen noch erhöht und bei den Türen besondere Riegel angebracht. Also könne eigentlich nichts mehr schief gehen.

Über diesen Wissensstand informierte Simmerling Torsten brieflich. Torsten war gespannt. Wie würde diese Aktion wohl ausgehen, würde sie klappen oder jämmerlich scheitern?

Jetzt kamen die schon vorbereiteten Erpresserbriefe ins Spiel.

Im Brief an die Stadt hieß es:

Wir haben den Oberbürgermeister in unsere Gewalt gebracht, es geht ihm gut.

Es ist nicht unsere Absicht ihm zu schaden. Es geht lediglich um eine Geldbeschaffung.

Wenn Sie den OB lebend zurückhaben wollen, bezahlen Sie uns ein Lösegeld von zwei Millionen Euro.

Verständigen Sie die Angehörigen des OB, nicht aber die Polizei! Dies würde die ganze Abwick-

lung verkomplizieren und unnötig in die Länge ziehen.

Der Sohn des OB, Kay Hirschling, soll das Lösegeld mit seinem Rennrad zur Engelgasse fahren. Dort wo eine weißrote Baulatte die Durchfahrt verengt, wird er neue Anweisungen erhalten.

Das Lösegeld ist in gebrauchten Scheinen in den von Kay mitgebrachten Rucksack zu packen. Kay soll am 6. Juli exakt um zwei Uhr nachmittags vom Stadthaus aus starten.

Sollten sich Friktionen bei der Beschaffung des Geldes ergeben oder sonst irgendwelche Komplikationen einstellen, die die Abwicklung verzögern könnten, ist darauf zu achten, dass Kay dann eben am 7.oder spätestens am 8. Juli die Kurierfahrt vom Stadthaus aus um zwei Uhr startet. Sollte der Kurierdienst nicht an diesen Tagen erfolgen können, betrachten wir die Geldübergabe als gescheitert. Die Konsequenzen muss dann der OB tragen.

Und jetzt schaltete der schlaue Torsten eine Sicherheitsschlaufe ein. Der Familie des OB schrieb er nämlich Folgendes:

Liebe Familie Hirschling,

wir haben Ihren Mann und Vater entführt, es geht ihm gut.

Wir wollen ihm keinen Schaden zufügen. Es geht einzig und allein um eine Geldbeschaffung.
Wenn sie ihn lebend zurückbekommen wollen, muss die Stadt uns ein Lösegeld von zwei Millionen Euro bezahlen.
Die folgende Anweisung weicht allerdings von der, welche an die Stadt geht – vergleiche Beilage – ab, und zwar bezüglich des Zielortes.
Kay soll nicht, wie im Brief an die Stadt vorgegeben, zur Engelgasse radeln, sondern, damit ihn die Polizei nicht verfolgen kann, via Umwege durch kleine Gassen direkt an den Kurt-Balz-Platz fahren. Dort soll er den Rucksack in den Eingang des Hauses Nr. 4 bringen und in die sich dort befindliche große, antike Holzkiste legen. Der Eingang ist gleich neben dem, der zur Apotheke führt. Wichtig ist auch, dass Kay beim Einpacken des Geldes in seinen Rucksack dabei ist, damit die Polizei nicht auf den Gedanken kommen kann, eine Wanze in diesen zu legen. Sobald Kay das Rennrad behändigt, soll er dieses nach Wanzen untersuchen. Sollte er eine entdecken, so ist diese nach kurzer Fahrt abzuwerfen.

Dazu erhielt Simmerling via Briefkasten folgendes Schreiben:

Lieber Herr Simmerling,

als Beilage bekommen Sie Kopien der beiden Erpresserbriefe. Ich gehe davon aus, dass die Stadt nach Erhalt des Schreibens sofort die Polizei verständigen und einen Krisenstab einrichten wird. Bemühen Sie sich, dass Sie als Stadtrat in diesen integriert werden und Sie bei der Zählung des Geldes eine Funktion übernehmen können. Schauen Sie darauf, ob die Polizei ein Peilgerät in den Rucksack schmuggelt. Wenn dies der Fall sein sollte, entfernen Sie dieses unbemerkt wieder. Drängen Sie die Stadt dazu, schnell zu bezahlen. Versuchen Sie durch gezielte Streuung von Gerüchten den Verdacht auf den Stadtkämmerer zu lenken, indem Sie behaupten, dieser wäre bei den letzten Wahlen auch gerne OB geworden.

Der 3. Juli war ein schöner Sommertag. Die Ex-Soldaten konnten damit rechnen, dass der OB wie fast jeden Tag auch heute seine sportliche Tagesleistung absolvieren würde. So dumm, wie sich dies Torsten vorstellte, waren Mike und Urs aber nicht.

Sie warteten auf dem Parkplatz beim großen Gutshof, bis der OB kam. Der Plan war, ihn die ganze Strecke laufen zu lassen und erst bei der Rückkehr an der besagten Stelle zu überwältigen. Dies hatte den Vorteil, dass der OB seine Kräfte schon weitgehend verbraucht hatte und kaum mehr starken Widerstand leisten würde. Ihr Vorgehen meldeten sie mit dem Funkspruch: „Kormoran von Azubi kommen.“

Kormoran Simmerling bestätigte die Meldung und hieß das Vorgehen der Soldaten gut.

Jetzt fuhren diese auf dem anderen Waldweg bis an das kleine Sträßchen heran, wo der OB zurückkehren musste. Nun gab es eine Friktion. Auf dieser Trainingsstrecke war nicht nur der OB unterwegs, auch noch andere Sportler wählten diesen Weg. Kurz vor dem Punkt, wo der OB behändigt werden musste, wurde er von einem Jogger überholt. Bei diesem handelte es sich, was niemand wissen konnte, um den Kopf der Entführung, Torsten höchst persönlich. Er wollte nämlich sehen, ob auch alle Vorkehrungen getroffen worden waren. Der schnelle Sportler war jedoch rasch vom Weg verschwunden.

Die Zeit reichte den Soldaten trotz dieser Friktion, um zu handeln. Sie traten im Kampfanzug und mit Sturmmützen maskiert auf das Waldsträßchen, um den OB zu stoppen. Dieser erschrak und meinte zuerst, weil die beiden Männer in einem Kampfanzug steckten, es könnte sich um eine militärische Übung handeln. Doch die beiden starken Kerle packten den OB und betäubten ihn mit Chloroform. Sie verfrachteten ihn in den

Transporter und fuhren sofort zum Versteck im Waldgebiet am nördlichen Stadtrand. Dort brachten sie ihn in das vorbreitete Haus.

Als der OB wieder wach wurde, zeigten die Soldaten ihm einen Zettel, auf dem es hieß, er sei entführt worden. Sobald das Lösegeld bezahlt sei, werde er umgehend wieder freigelassen. Auf einem weiteren Zettel stand, er müsse keine Angst haben, man werde ihm nichts tun. Und auf einem weiteren Blatt stand geschrieben, sie würden im Auftrag handeln und nur einen Befehl ausführen.

Anschließend erfolgte die Funkmeldung: „Azubi an Kormoran, Entführung erfolgreich ausgeführt, OB befindet sich im Versteck."

Brieflich teilte *Kormoran* den Erfolg auch Torsten mit.

Lösegeld – die Polizei wird eingeschaltet

Simmerling mogelte bereits am 4. Juli der internen Stadtpost den von Torsten verfassten Erpresserbrief unter.

Als die Dame, die die Post öffnete, diesen Brief fand, eilte sie sofort zum Stellvertreter des OB, zum Stadtkämmerer. Dieser wunderte sich über die Hiobsmeldung.

Bevor er jedoch etwas unternahm, versuchte er zuerst, den OB über das Handy zu erreichen – vergeblich. Dann rief er die Gattin des OB an und fragte nach ihm. Als diese bemerkte, ihr Mann sei doch im Büro, erkannte der Stadtkämmerer den Ernst der Lage.

Sofort rief er den gesamten Stadtrat zusammen. Es wurde beraten. Natürlich wurde die Polizei verständigt. Innerhalb von zehn Minuten trafen der Chef der Polizei und sein Einsatzleiter für Entführungen im Stadthaus ein. Der Erpresserbrief wurde analysiert. Klar war, es war nicht möglich, wie von den Entführern verlangt, innerhalb von drei Stunden das Geld in gebrauchten Scheinen zu beschaffen und erst noch in einen Rucksack abzupacken. Man brauchte mehr Zeit und ging davon aus, dass sich die Entführer telefonisch melden würden. Der Stadtkämmerer übernahm es, die Familie des OB zu fragen, ob sich die Entführer gemeldet hätten. Bei der Polizei wurde umgehend der Entführungsalarm ausgelöst. Eine Sonderkommission mit dreißig Spezialisten wurde zusammengestellt. Diese nahm sofort ihre Arbeit auf.

Als erste Maßnahme wurden die Telefonleitungen der Stadtverwaltung überwacht. Von diesem Kontrolleingriff war auch der gesamte E-Mail-Verkehr der Stadtverwaltung betroffen. Diese Vorkehrungen wurden auch an der Privatadresse des OB getroffen.

Die Meinung der Polizei und auch des Stadtrates war klar: Man musste abwarten bis sich die Entführer telefonisch melden würden. Diese meldeten sich aber nicht. Nach zwei Tagen des langen und bangen Wartens wies Mittäter Stadtrat Simmerling darauf hin, im Erpresserschreiben sei das Vorgehen doch festgelegt worden.

Simmerling rief in die Runde: „Gefährden wir durch unser Nichtstun nicht das Leben des OB?“

Der Einsatzleiter für Entführungen meinte aber, es sei richtig, nichts zu unternehmen, die Entführer würden sich dann schon melden. „Die wollen ja Geld von uns.“

Simmerling verständigte die Soldaten via Funk. Er teilte ihnen mit, das Lösegeld sei noch nicht bezahlt worden, man müsse abwarten beziehungsweise den OB weiter in Gefangenschaft halten. Darüber informierte er Torsten nun über den konspirativen Briefkasten an der Rasalzerstraße.

Dieser war darüber nicht erfreut. Aber eben mit gewissen Friktionen musste man rechnen. Was konnte man tun, um die Sache zu beschleunigen? Den OB umbringen? Sicher nicht, für einen toten OB konnte man kein Lösegeld mehr verlangen. Aber man könnte ja dessen Frau suggerieren, es gehe ihm, weil er auf ein Medikament angewiesen sei und dieses nun nicht bekommen könne, schlecht. Sein Gesundheitszustand sei seit Beginn der Entführung schlechter geworden.

Jetzt war wieder eine Entscheidung zu treffen. Der Weg über die konspirativen Briefkästen war beschwerlich und dauerte vor allem zu lange. Ein rasches Vorankommen war gefragt. Aber eben, wenn er, Torsten, nicht in Erscheinung treten wollte, musste er diesen Weg beschreiten. Also bat er Simmerling, der artig jeden Tag den aktuellen Briefkasten zweimal kontrollierte, er möge die Frau des OB von einer öffentlichen Telefonzelle aus anrufen und ihr die Geschichte mit der Gesundheit ihres Mannes verklickern.

Simmerling, dem Mann in steten Geldnöten, eilte es auch. Aber diesen Anruf konnte er nicht tätigen. Anna Hirschling kannte seine Stimme, er war ja ein Kollege des entführten OB. Also delegierte

Simmerling diesen Auftrag via Funk an einen der involvierten Soldaten, an Urs.

Dieser telefonierte weisungsgemäß noch in der gleichen Nacht mit Frau Hirschling und log ihr vor, ihrem Gatten würde es in Ermangelung eines Medikaments nicht gut gehen. In Tat und Wahrheit hatten die Soldaten dieses Medikament schon längst beschafft und den OB damit versorgt.

Anna Hirschling verständigte die Polizei und den Stadtrat über diesen Anruf. Die Polizei konnte ihn bereits zurückverfolgen und wusste, von welcher Telefonzelle aus das Gespräch geführt worden war. Diese Erkenntnis brachte sie jedoch nicht weiter. Im Krisenteam des Stadtrates, in dem ja auch Simmelring hockte, riet dieser den Anderen, nun endlich genau nach den Vorgaben der Entführer zu handeln.

Anna Hirschling machte sich Sorgen um das Leben ihres Gatten. Sie rief in ihrer Verzweiflung und mit Einverständnis ihres Sohns Kay den Anwalt Georg Kurter, ein Freund des Hauses Hirschling, an. Sie teilte ihm mit, ihr Gatte sei entführt worden, Stadt und Polizei würden es aber zu gelassen angehen.

Kurter machte sich sofort auf den Weg zum Hause Hirschling. Er nahm das Mandat von Anna Hirschling an, ihr in dieser Sache behilflich zu sein, selbstverständlich unentgeltlich. Anna zeigte ihm den Erpresserbrief, in dem zwei Millionen Euro verlangt sowie die Geldübergabe geregelt wurde. Kurter merkte, hier waren aus Sicht der Erpresser kluge Überlegungen gemacht worden. Er fand, die Geldübergabe sollte gemäß den Vorstellungen der Entführer erfolgen, und fragte Kay, ob er diese Aufgabe übernehmen würde. Dieser bejahte und sagte: „Meinem Vater zuliebe."

Am nächsten Morgen, es war nun schon der 5. Juli, begleitete Anwalt Kurter Anna und Kay Hirschling zur Stadtverwaltung. Er zeigte den Verantwortlichen seine Vollmacht, aus welcher hervorging, dass er die Interessen der Familie Hirschling wahrnehme. Kurter erkundigte sich zuerst nach dem Stand der Dinge. Er erfuhr von der Polizei, diese warte immer noch auf einen Telefonanruf der Entführer. Kurter verschärfte nun seinen Ton und sagte: „Mit Warten und Zögern bringen Sie das Leben des OB in Gefahr. Im Namen von Anna und Kay Hirschling verlange ich, dass sie unverzüglich die Geldübergabe gemäß dem Schreiben der Entführer in die Wege leiten. Das heißt Kay, der sich bereit erklärt hatte, den Part des Fahrradkuriers zu übernehmen, startet heute um zwei Uhr mit dem Geld im Rucksack. Sollten Sie sich weiter passiv und abwartend verhalten, werde ich Sie für die daraus resultierenden Folgen ins Recht fassen. Die Fahndung nach den Tätern können Sie, sobald der OB frei ist, mit allen Ihnen zur Verfügung stehenden Mitteln aufnehmen. Sie möchten ja auch keine Schlagzeile lesen: *Stadt lässt ihren OB einfach hängen.*“

Der Fachoffizier für Entführungen wollte gegen dieses Ansinnen protestieren. Der Polizeichef pfiff ihn aber umgehend zurück und willigte ein, das Lösegeld zu bezahlen. Auch alle Stadträte nickten zustimmend, ganz besonders Simmerling.

Die Geldübergabe konnte nun beginnen. Bei der Verpackung des Geldes achteten Simmerling und auch Kay Hirschling darauf, dass man keinen Peilsender in den Rucksack legen konnte. Punkt zwei Uhr startete Kay mit dem Rucksack voller Geld auf dem Rücken mit seinem Rennrad vor dem Stadthaus. Er bemerkte, die Polizei hatte ihm unter den Sattel eine kleine Wanze geklebt. Kay war ein schneller und guter Radfahrer, außerdem war er ein intelligenter Junge. Schnell merkte er, dass ihm drei Polizisten auf Fahrrädern folgten. Es gelang ihm, diese durch einen fulminanten Spurt abzuhängen. Als er sie nicht mehr in seinem Rücken hatte, hielt er kurz an und warf die Wanze weg. Wie im Brief der Erpresser festgelegt wählte er nun für die Weiterfahrt verschiedene, enge Seitengässchen. Die Engelgasse passierte er aber nicht. Die Fahrradpolizisten hatte er nun endgültig abgehängt. Eine halbe Stunde später traf Kay auf dem Kurt-Balz-Platz ein. Dort hatte sich Torsten unter die vielen Leute gemischt. Er sah Kay auf dem Fahrrad kommen. Dieses stellte Kay beim großen Brunnen ab.

Torsten sah: Kay suchte nun den besagten Eingang. Er fand ihn schnell, dank dem Hinweis, er befinde sich gleich neben der Apotheke. Zwei Minuten später kam Kay wieder aus dem Haus. Torsten konnte beobachten, wie dieser das Rennrad wieder bestieg und eilig davon radelte.

Jetzt wartete Torsten noch einige Minuten. Es konnte ja sein, dass Kay doch noch von der Polizei verfolgt wurde. Aber es tat sich nichts Verdächtiges.

Im Wissen, jetzt ein Risiko einzugehen, ging Torsten in das Haus, schaute in die Kiste und fand den Geldrucksack dort vor. Die Örtlichkeiten hatte Torsten längst schon vorher ausspioniert. Er nutzte den Hinterausgang und ging mit dem Geldrucksack zügigen Schrittes zu einem weiteren Hauseingang, den er ebenfalls schon vorher ausgekundschaftet hatte. Sicherheitshalber packte er das Geld aus dem Rucksack nun in eine große Reisetasche. Dann ging er zu seinem Auto, wieder ein Mietwagen. Alle im Zusammenhang mit dieser

Aktion notwendigen Fahrten unternahm er mit Mietautos und nie mit seinem eigenen Wagen. Die Tasche brachte Torsten in seine Wohnung. Er zählte das Geld nach. Die Summe stimmte.

Die Polizei bemerkte, dass Kay seine Verfolger abgehängt und auch die Wanze unter dem Fahrradsattel gefunden und weggeworfen hatte. Ihre Maßnahme, die Engelgasse zu überwachen, verlief ebenfalls ins Leere, weil Kay dort gar nicht vorbeigekommen war.

Als Kay zurück ins Stadthaus kam, waren die Polizeileute sauer auf ihn und verdächtigten nun die Familie Hirschling, sie selbst könnte hinter der Entführung stecken. Sie nahmen Kay sofort ins Kreuzverhör. Dabei war Anwalt Kurter anwesend. Man wollte von Kay wissen, warum er seine Fahrroute geändert hatte.

Kay erklärte sich. Dies sei von den Entführern so vorgegeben worden. Dessen Weisung habe er nur erfüllt, um das Leben seines Vaters nicht zu gefährden.

Rechtsanwalt Kurter setzte ein und hielt fest, dass es in einem solchen Fall primär darum gehe, die entführte Person lebend wieder zurückzubekommen, und nicht um die Einhaltung von untauglichen Polizeiweisungen. Das Leben eines Menschen stehe über der polizeilichen Taktik.

Bei dieser Gelegenheit musste Kay auch verraten, wo er das Geld hingebracht hatte. Dies tat er auch.

Stadtrat Simmerling bekam alles mit. Er wusste nun, die Entführung des OB konnte mit der Lösegeldzahlung abgeschlossen werden und seine eigene finanzielle Lage würde sich nun schlagartig verbessern. Via Funk erteilte er den Soldaten den Befehl, den OB zurück in die Stadt zu bringen und dort frei zu lassen. Des Weiteren forderte er die Soldaten auf, den Ort anschließend aufzuräumen, damit später niemand mehr feststellen konnte, dass der OB hier untergebracht worden war.

Zwischenzeitlich sprach die Polizei weiter mit Kay und eröffnete diesem, man würde ihn wegen Behinderung einer Polizeiaktion zur Rechenschaft ziehen.

Rechtsanwalt Kurter wehrte sich dagegen und warf ein, dass wohl das Leben des OB höher als die Aktion der Polizei zu gewichten sei.

Der Chef der Polizei, auch ein Jurist, merkte schon, so konnte man mit Kay nicht umspringen und ließ das Verhör abbrechen.

Torsten packte nun das „Honorar“, hundertzwanzigtausend Euro für die Soldaten, in zwei Umschläge zu je sechzigtausend Euro. Dazu schrieb er ihnen an ihre Adresse an der Wiesentalstraße 10:

Meine Herren,

hier beiliegend der Schlüssel des Schließfachs im Hauptbahnhof. In diesem finden Sie Ihren Anteil. Mein Rat, werft nicht mit Geld um Euch. So ein Verhalten könnte auffallen und Sie verraten.

Weil die Sache eilte, warf Torsten diesen Brief höchstpersönlich in den Briefkasten der Soldaten an der Wiesentalstraße 10. Dort lauerte Torsten noch etwas herum und beobachtete aus Distanz den Hauseingang. Und siehe da, schon bald kam einer der Soldaten ging zum Briefkasten, leerte ihn und fand darin den Brief von Torsten und den Schlüssel zu dem Schließfach im Hauptbahnhof.

Kaum hatten die Soldaten den Brief mit dem Schließfachschlüssel erhalten, gingen sie sofort zum Hauptbahnhof und überprüften, ob ihnen der Anonyme ihren Anteil auch wirklich dorthin gebracht hatte.

Nun ging es Torsten darum, Simmerling seinen Anteil zukommen zu lassen. Hier war die Situation wieder etwas komplizierter. Mit ihm konnte er ja nur über den konspirativen Briefkasten an der Rasalzerstraße 45 verkehren. Er schrieb Simmerling:

Unsere Entführungsgeschichte konnte erfolgreich abgeschlossen werden. Sie finden im Briefumschlag einen Schlüssel für ein Schließfach, das sich im Nordbahnhof befindet. Dort liegen eine Million und zweihunderttausend Euro in einer Tasche. Das Ihnen gewährte Darlehen von hunderttausend Euro sowie meine Auslagen für die Erstzahlungen an die Soldaten habe ich bei Ihrem Anteil nicht abgezogen. Im Gegenteil, ich überlasse Ihnen einen höheren Anteil als vorgesehen. Ich rate Ihnen jedoch dringend: Seien Sie vorsichtig bei der Geldausgabe, bezahlen Sie Ihre Handwerker und den Architekten weiterhin nur in Raten. Wenn Sie nun auf einmal die ganzen Schulden begleichen würden, könnte dies auffallen und Fragen auslösen. Denken Sie auch daran, dass die Polizei umfangreiche Ermittlungen anstellen wird und keinen Stein auf dem anderen lassen wird. Diese Leute sind mit allen Wassern gewaschen. Die Aktion ist nun abgeschlossen und der letzte konspirative Briefkasten wird ebenfalls aufgehoben. Ich wünsche Ihnen viel Glück und alles Gute.

Den Rest des Geldes behielt Torsten für sich.

Der Oberbürgermeister wird freigelassen

Nachdem die Soldaten im Schließfach des Hauptbahnhofs ihr Honorar gefunden hatten, ließen sie wie befohlen den Oberbürgermeister umgehend frei. Dazu betäubten sie ihn wieder mit Chloroform und fuhren ihn mit dem Transporter in die Innenstadt. So um halb zehn Uhr abends entließen sie ihn im Stadtpark.

Der OB, noch benommen von der Chloroform-Narkose, merkte dann aber schnell, dass er wieder in Freiheit war und torkelte aus dem Park direkt einer Polizeipatrouille in die Arme. Diese erkannte den OB sofort, gab über Funk die Meldung seiner Freilassung der Zentrale bekannt und fuhr ihn zur Untersuchung in ein Spital.

Im Stadthaus war man hocherfreut, dass der OB nun wieder frei war und verständigte natürlich sofort dessen Familie. Diese und der Anwalt und Freund Dr. Georg Kurter fuhren zum Spital. Anna schloss ihren geliebten Gatten in die Arme und Sohn Kay klopfte sich auf die Schultern und dachte, es sei auch weitgehend sein Verdienst, dass sein Vater nun wieder freigekommen sei. Er hatte schließlich mit seiner rasanten Fahrradfahrt das Lösegeld so übergeben können, dass nichts passiert war.

Der OB blieb noch eine Nacht lang zur Kontrolle im Spital. Nachdem er außer dem Schock aber keine weiteren Schäden davongetragen hatte, wurde er bereits am anderen Morgen wieder entlassen.

Die Stadt gab eine Pressekonferenz. Bei dieser unterstrich der Stadtkämmerer, dass es dank großer Bemühungen aller Beteiligten gelungen sei, den OB wieder freizubekommen. Auf Fragen der Journalisten nach den Tätern und dem bezahlten Lösegeld hieß es lediglich, es werde auf Hochtouren ermittelt.

Und dies war auch der Fall. Die Spezialisten der Polizei befragten den OB intensiv. Bei einigen Ermittlern war immer noch der Verdacht vorhanden, der OB könnte die Entführung selbst inszeniert haben. Diese Variante geisterte vor allem deshalb noch herum, weil der Sohn des OB, Kay, bei der Lösegeldübergabe die Polizei abgehängt und getäuscht hatte. Parallel dazu zeigten aber die vom Mittäter Stadtrat Simmerling arglistig gestreuten Gerüchte, Stadtkämmerer und OB-Stellvertreter Jens Gauke könnten mit der Entführung zu tun haben, erste Früchte. Auch der Stadtkämmerer wurde längere Zeit einvernommen.

Der OB erwähnte bei seiner Anhörung, die ihn überfallenden Männer hätten Armeekampfanzüge, Kampfstiefel und Masken getragen. Er beschrieb beide Männer als ein Meter achtzig bis ein Meter fünfundachtzig groß, schlank und durchtrainiert. Die Gesichter hatte der OB nicht gesehen, weil sie immer mit Sturmmasken aufgetreten waren. Über seine Gefangenschaft sagte er aus, er sei verpflegt und gut behandelt worden. Sogar ein von ihm benötigtes Medikament hätten sie ihm besorgt. Die Männer hätten nie mit ihm gesprochen. Kommuniziert worden sei ausschließlich mit Zetteln. Diese hätten sie aber nie bei ihm belassen, sondern immer sofort wieder mitgenommen. Das Zimmer, in dem er gefangen gehalten wurde, beschrieb er als eng und fensterlos. Des Weiteren erwähnte er, er hätte nur Vogelgezwitscher und keinen Verkehrslärm wahrgenommen.

Die Soldaten versuchen es selbst

Die beiden Ex-Soldaten freuten sich über das viele Geld, das sie erhalten hatten. Die Warnung des Anonymen, vorerst einmal keine größeren Beträge auszugeben, nahmen sie zumindest anfänglich ernst. Die beiden genossen ihren Erfolg und waren selbst überrascht, dass alles so wie am Schnürchen gelaufen war. Auf die Idee, dass das Gelingen auf das hintergründige Wirken des Anonymen zurückzuführen war, kamen sie nicht. Einmal angefüttert bekamen sie aber Lust auf mehr. So konnte man ja einfach Geld verdienen, stellten sie fest. Sie überschätzten sich und glaubten, so etwas könnten sie doch auch selbst aufgleisen und dann das gesamte Lösegeld behalten.

So angestachelt begannen sie sich Gedanken zu machen, wen man denn entführen könnte. Den OB nochmals zu entführen wagten sie nicht. Auf jeden Fall musste das Entführungsopfer aus einem Umfeld stammen, wo Geld vorhanden war und jemand bereit wäre, den Entführten wieder loszukaufen. Wer konnte das sein?

Nach langem Nachdenken erinnerten sie sich an einen hohen Offizier, der mit ihnen in Afghanistan gedient hatte und wie sie nach Deutschland zurückgekehrt war. Sie kannten diesen Mann nur von Weitem und hatten auch während ihrer

Dienstzeit nie mit ihm gesprochen. Sie hatten mitbekommen, er würde nun auf einem Waffenplatz ungefähr dreißig Kilometer außerhalb der großen Stadt als Waffenplatzkommandant Dienst tun. Könnte man diesen Mann kidnappen und dann bei der Bundeswehr für ihn Lösegeld verlangen? Würde die Armee für diesen Oberst ein Lösegeld herausrücken? Das waren erste Überlegungen der Soldaten.

In ihrem Hoch kamen sie schnell auf die Höhe des Lösegelds zu sprechen. Wie viel konnte man verlangen? Sie wussten auch nicht, wie viel die Stadt für die Freilassung des OB schließlich bezahlt hatte. Einer der Soldaten, Mike, meinte, eine Million Euro sollte man schon kassieren können. Der Andere, Urs, pflichtete dieser Ansicht bei und sagte, das sollte schon möglich sein.

Obwohl nur einfache Soldaten, überlegten sie sich, wer sonst noch als Entführungsopfer in Frage kommen könnte. Sie dachten an einen Industriellen, der unweit der Stadt ein großes Bauimperium führte. Von diesem las man oft in den Zeitungen und auch im Fernsehen war dieser Mann immer wieder mal zu sehen. Dabei handelte es sich um Jochen Angenter. Auch bei dieser Variante dachten die beiden Soldaten an ein möglichst hohes Lösegeld.

Mit dem aus der OB-Entführung stammenden Honorar mieteten sie sich bei einer Autovermietung einen VW Golf. Mit diesem fuhren sie in die Gegend, wo sich der Waffenplatz und die Kaserne von Oberst Wettstein befanden. Am gleichen Tag sahen sie sich auch die Zufahrt zum großen Industriebetrieb an, der von Direktor Angenter geführt wurde. Die Variante Angenter verwarfen sie aber schnell wieder. Zu diesem Industriebetrieb hatten die beiden Soldaten keinen Kontakt. Auch wussten sie nicht, wie der betriebsinterne Sicherheitsdienst funktionierte. Also konzentrierten sie sich schließlich auf den Waffenplatzkommandanten. Aufgrund ihrer bisherigen Tätigkeit fühlten sie sich im militärischen Umfeld eher zu Hause, sie waren ja schließlich einmal aktive Soldaten gewesen.

Tagelang beobachteten sie mit Feldstechern den Waffenplatz beziehungsweise das Gebäude, in dem sie den Obersten vermuteten. Dies taten sie immer in Zivil.

Nach einiger Zeit bemerkten sie, dass jeden Werktag Punkt fünf Uhr nachmittags ein Mann aus dem Kommandogebäude trat, den die Wachhabenden militärisch grüßten. Bei diesem Mann musste es sich um Oberst Walter Wettstein handeln. Dieser verließ dann jeweils den Waffenplatz mit seinem privaten Fahrzeug, einem Opel Insignia. Beim Tor, das das Militärgelände von der übrigen Welt trennte, wurde er von den Wachsoldaten nochmals zackig gegrüßt. Auf Distanz fuhren die Ex-Soldaten dem Oberst nach und konnten feststellen, dass dieser unweit vom Waffenplatz mit seiner Familie ein Einfamilienhaus bewohnte. Es lag leicht außerhalb des Dorfes auf einer kleinen Anhöhe. Dieses Anwesen kundschafteten sie aus. Sie schauten, wer dort ein- und ausging. Es waren dies die Frau des Obersten und dessen zwei Töchter. Die kleinere, Silke, besuchte die Schule im selben Ort. Die größere, Bettina, fuhr morgens mit dem Bus in die Stadt, ging dort ins Johanneum Gymnasium und kam abends mit dem Bus wieder zurück.

Die beiden Soldaten mit Entführungserfahrung überlegten sich, wo man den Oberst überwältigen könnte. Das war nicht einfach, auf dem Gelände des Waffenplatzes bestimmt nicht und auf dem relativ kurzen Weg zwischen Militärareal und privatem Wohnhaus auch nicht. Es gab auf dieser Strecke keine geeigneten Passagen, um das Auto anzuhalten und den Oberst zu behändigen. Deshalb überlegten sich die beiden, ob es nicht vielleicht einfacher wäre, eine der beiden Töchter zu entführen und von den Eltern Lösegeld zu fordern. Aber konnte der Oberst, beziehungsweise seine Familie, innerhalb von kurzer Zeit eine Million

Euro locker machen? Würde die Bundeswehr ihrem ranghohen Offizier allenfalls bei der Beschaffung des Geldes helfen?

In der Folge beschatteten die Soldaten die größere Tochter Bettina, und zwar von ihrem Elternhaus bis zur Bushaltestelle an der Hauptstraße und dann wieder ab der Bushaltestelle in der Stadt bis zum Gymnasium. Sie stellten fest, dass sie an der Bushaltestelle, wo sie morgens auf ihre Fahrgelegenheit in die Stadt wartete, oft alleine war. Und auch sehr oft war der Bus verspätet. Hier könnte man sie behändigen und sie wie den OB mit Chloroform betäuben und schnell in den Transporter verladen. Bis das Mädchen wieder aus der Betäubung erwachen würde, hätte man sie mit dem Transporter schon in die Nähe des Verstecks, wo man sie festhalten konnte, gekarrt.

Und das Versteck? Ganz einfach, man würde das Gleiche wie für den OB verwenden. So allmählich reifte die Idee, ein solches Vorgehen könnte funktionieren. Die Auswahl des gleichen Verstecks war schon ein erster Fehler, wie sich später herausstellen sollte.

Die Entführer waren fest davon überzeugt, dass sie so ein *Ding* problemlos durchziehen konnten und sie es auch verstehen würden, die Lösegeldübergabe so zu organisieren, dass auch diese funktionieren würde. Ihr Part bei der Entführung des

OB hatte ihnen ein gewisses, wenn auch vielleicht falsches Selbstvertrauen verliehen. Auch über die Kommunikation mit dem Oberst, beziehungsweise dessen Familie machten sie sich keine großen Gedanken. Gelernt hatten sie bei der OB-Entführung, dass man nicht mit einem Handy und via E-Mail kommunizieren durfte. Diese moderne Technik konnte nämlich von der Polizei jederzeit mitgeschnitten werden. Sie planten deshalb notwendig werdende Verbindungen mit der Familie Wettstein ausschließlich über öffentliche Fernsprechapparate zu tätigen.

Die Soldaten wollten Bettina Wettstein, ihrem künftigen Entführungsopfer, keinen Schaden zufügen. Sie hatten aus der OB-Entführung auch gelernt, unter keinen Umständen mit dem Entführungsopfer zu sprechen. Gespräche durfte es keine geben. Erforderliche Mitteilungen sollten auch in diesem Fall nur schriftlich über Zettel, welche nachher vernichtet werden sollten, erfolgen. Sie kauften Essen und Getränke für eine Woche ein und bezogen das Bett, indem der OB weilte, sogar mit frischer Bettwäsche.

An einem 4. November schritten sie zur Tat. Es war nasskalt und neblig. Bettina Wettstein wartete morgens um Viertel nach sieben, an der Haltestelle an der Hauptstraße, unweit von ihrem Elternhaus auf den Bus. Es war noch fast dunkel, erst allmählich löste der Tag die Nacht ab.

Die beiden Ganoven fuhren mit ihrem blauen Ford-Transporter vor und stiegen maskiert, aber dieses Mal in Zivil aus dem Wagen. Sie behändigten das Mädchen und betäubten es mit Chloroform. Dann schmissen sie sie in den Transporter und fuhren mit Bettina zu ihrem alten Versteck.

Als sie dort Bettina aus dem Wagen klettern ließen, war diese noch leicht benommen, realisierte aber was mit ihr geschehen war. Sie weinte und flehte die Entführer an, ihr nichts zu tun. Aber alles Betteln half nichts. Mike und Urs, die ehemaligen Soldaten, brachten sie in das fensterlose Zimmer und riegelten die Türe von außen ab. Bettina fürchtete sich, klopfte an die Türe und schrie immer wieder von Neuem: „Lasst mich bitte raus!"

Die Soldaten schrieben auf einen Zettel: *Wir tun dir nichts, du bist entführt worden. Sobald deine Eltern für dich das Lösegeld bezahlt haben, werden wir dich wieder frei lassen.*

Als Bettina abends nicht zu ihrer Familie zurückkehrte, wurde die Mutter, die Fanny genannt wurde, unruhig. Sie telefonierte mit Kolleginnen von Bettina und erfuhr von allen Angerufenen, Bettina sei auch nicht in der Schule gewesen. Ein

Telefonat mit dem Klassenlehrer bestätigte diese Aussagen. Fanny wurde noch unruhiger und schrie ihren Mann, den Obersten, an, er solle doch endlich etwas unternehmen. Dieser blieb vorerst einmal ruhig und meinte, Bettina würde dann schon nach Hause kommen.

Als diese aber auch um Mitternacht noch nicht auftauchte, bekam auch der kampferfahrene und strategisch bestens geschulte Oberst ein mulmiges Gefühl. Er rief mitten in der Nacht seinen Offizierskollegen Friedrich Auer, seinen Stellvertreter auf dem Waffenplatz, an und schilderte diesem die Situation und auch seine große Besorgnis. Friedrich versuchte Walter zu beruhigen und war um halb zwei Uhr nachts bereits im Hause von Walter Wettstein.

Gemeinsam wurde diskutiert, was passiert sein konnte. Friedrich fragte, ob Bettina einen Freund habe und vielleicht bei diesem übernachte. Die Mutter, Fanny, sagte Bettina, habe keinen Freund. Von einem solchen würde sie nämlich wissen. Sie und ihre Tochter Bettina hätten keine Geheimnisse voreinander. Auch die kleine Schwester konnte nicht schlafen. Sie kam zu den Erwachsenen und weinte, sie liebte ihre ältere Schwester.

Am Morgen telefonierte Oberst Wettstein mit dem Schulleiter des Johanneum Gymnasiums und fragte, ob seine Tochter in der Schule erschienen sei. Dieser schaute nach, rief Wettstein sofort an und sagte: „Nein, ihre Tochter ist auch heute nicht zum Unterricht erschienen.“

Voller Sorge informierte Walter Wettstein den Schulleiter über das Verschwinden seiner Tochter. Dieser versprach Wettstein, ihn, wenn er etwas in Erfahrung bringen könne, umgehend zu informieren. Schulleiter und Klassenlehrer befragten sodann die Schülerinnen und Schüler, wo sich ihrer Meinung nach Bettina befinden könnte. Bei dieser Befragung kam aber nichts Konkretes zutage.

Die Familie Wettstein schaltete nun die Polizei ein. Diese nahm unverzüglich ihre Ermittlungen auf und suchte mit einer Hundertschaft ein nahegelegenes Waldstück ab, erfolglos.

Am 6. November mittags meldete sich einer der beiden Soldaten von einem öffentlichen Fernsprechapparat aus bei der Familie Wettstein. Die Frau des Obersten nahm ab.

Mittlerweile hatte die Polizei den Telefonanschluss der Familie Wettstein bereits angezapft, das heißt, sie konnte nun alle ein- und ausgehenden Gespräche abhören. Der Entführer sagte: „Wenn Sie ihr Kind lebend wiederhaben wollen, füllen sie eine Tasche mit gebrauchten Scheinen in einem Gesamtwert von einer Million Euro. Sie hören wieder von uns.“

Und schon war der Spuck vorbei. Das Gespräch war für die Spezialisten der Polizei zu kurz, um festzustellen, woher es gekommen war. Klar war einzig, es war aus einer öffentlichen Telefonkabine gekommen, die sich im Süden der großen Stadt befinden musste. Nun stand eindeutig fest, die Tochter war nicht etwa abgehauen, sie war entführt worden.

Die Wettsteins verfügten über keine Million. Mit Hilfe der Eltern beiderseits hätten sie höchstens eine Summe von einer halben Million Euro zusammenbringen können. Oberst Wettstein informierte nun seine militärischen Vorgesetzten und bat diese, ihm zu helfen, Tochter Bettina freizukaufen.

Der für Wettstein zuständige Vorgesetzte reagierte schnell. Er ließ einen Krisenstab aus militärischen Spezialisten zusammenstellen. Diese versuchten nun abzuklären, ob das Verschwinden des Mädchens irgendwie mit der Arbeit beziehungsweise mit der Funktion von Oberst Wettstein zu tun haben konnte. Der Direktvorgesetzte von Wettstein besuchte diesen in seinem Eigenheim und befragte ihn gemäß einem schon vorgegebenen Fragenkatalog. Darin gab es auch Fragen, mit deren Beantwortung man zu klären versuchte, ob allenfalls eine Mittäterschaft innerhalb der Familie in Frage kommen könnte. Mit dem ausgefüllten Fragenkatalog kehrte der Vorgesetzte zum Krisenstab zurück. Dieser wertete die Antworten aus und kam zu dem Schluss, dass die Entführung von Wettsteins Tochter Bettina rein gar nichts mit der Funktion von Oberst Wettstein zu tun hatte. Auf die Bitte von Wettstein, ihm bei der Finanzierung des Lösegelds behilflich zu sein, wurde nicht eingetreten.

Parallel dazu war aber auch die Polizei tätig. Auch beim Landeskriminalamt wurde ein Krisenstab gebildet. Dieser arbeitete rund um die Uhr. Insbesondere wurden die Freunde und Freundinnen von Bettina nochmals alle befragt. Den kleinsten Hinweisen, erschienen diese auch noch so abstrakt, wurde nachgegangen.

Einen Tag später, am 7. November meldete sich einer der Soldaten mit verstellter Stimme und einem Tuch vor dem Mund erneut auf dem Anschluss der Familie Wettstein. Dort nahm dieses Mal Walter Wettstein den Hörer in die Hand.

Der Entführer fragte Wettstein, ob er das Geld zusammen hätte.

Dieser musste antworten, er habe nicht so viel Geld, tue aber alles, um Bettina wieder wohlerhalten zurückzubekommen.

Dieses Mal hatte das Gespräch etwas länger gedauert. Die Fernsprechzelle konnte von der Polizei eruiert werden. Sofort fuhren Beamte des technischen Dienstes dorthin und versuchten, DNA-Spuren und Fingerabdrücke vom Entführer zu erhalten. Leider fanden sich aber keine brauchbaren Spuren. Der Soldat hatte Handschuhe getragen und darauf geachtet, keine DNA-Spuren zu hinterlassen. Immerhin war der Polizei somit bekannt, aus welchem geographischen Umfeld die Täter stammen könnten. Sie gingen davon aus, dass sich das wahrscheinliche Versteck, wo Bettina Wettstein festgehalten wurde, nicht allzu weit von der Stadt entfernt befinden musste.

Das stadteigene, alte Haus im Norden der großen Stadt diente den Soldaten als Versteck von Bettina. Sie hatten dieses ausgewählt, weil sie dort schon den OB erfolgreich festgehalten hatten. Sie wussten aber nicht, dass damals bei der OB-Entführung Stadtrat Simmerling involviert war. Dieser hatte darauf geachtet, dass dieses Objekt in der Zeit, als sich der OB darin befand, keine Besuche von städtischen Arbeitern erhielt.

Eines vormittags, als die beiden Soldaten gerade vom Einkauf zurückkamen, tauchte ein kleiner Lieferwagen der örtlichen Stadtwerke auf. Zwei Männer in orangen Arbeitsanzügen stiegen aus dem Fahrzeug, um das Haus im Auftrag des Bauamtes zu kontrollieren. Als sie versuchten, die Türe mit dem Schlüssel, den sie bei sich hatten, zu öffnen, ging das nicht. Auch zwei weitere Türen, die in das Innere des alten Hauses führten, waren verschlossen und konnten mit den mitgebrachten Schlüsseln nicht geöffnet werden. Die beiden Arbeiter zogen unverrichteter Dinge wieder ab.

Nun mussten die Soldaten damit rechnen, dass diese wiederkommen würden. Dies bedeutete, das Versteck, wo Bettina gefangen gehalten wurde, war nicht mehr sicher. Sie mussten Bettina so schnell wie möglich umplatzieren. Aber wohin konnte man sie bringen? Laufenlassen konnte man sie noch nicht. Die Familie hatte noch kein Geld für ihre Freilassung bezahlt. Urs kam in den Sinn, dass ganz in der Nähe des Waffenplatzes, wo Oberst Wettstein stationiert war, alte nicht mehr genutzte Bunker vorhanden waren. Also betäubte man Bettina erneut und fuhr sie mit dem Ford-Transporter zu einem dieser alten, schon fast verfallenen Bunker. Dort warf man die Matratze hinein und legte reichlich Essen und Getränke in ihr neues Gefängnis. Licht war noch vorhanden. Das war eine Notlösung.

Bettina ängstigte sich und schrie nach ihren Eltern. Das nutzte ihr aber nichts, niemand konnte sie hier hören.

Die Entführer nahmen erneut telefonisch mit Wettstein Kontakt auf. Dieses Mal wieder aus einer anderen öffentlichen Telefonzelle. Ihre Nachricht an Wettstein lautete: „Ihrer Tochter geht es nicht gut. Wir kommen Ihnen entgegen und begnügen uns mit einem Lösegeld von fünfhunderttausend Euro. Diese Summe haben sie hoffentlich zusammen. Sie hören wieder von uns."

Wettstein konnte keine Fragen stellen und sich auch nicht nach einem Lebenszeichen seiner Tochter erkundigen.

Bezüglich der Lösegeldübergabe hatten sich die beiden Ganoven etwas einfallen lassen. Schon als sie noch in Afghanistan Dienst geleistet hatten, kamen dort Drohnen zum Einsatz. Dort wurden sie auch mit dem Handling dieser fliegenden Dinger vertraut gemacht. Dieses moderne, technische Mittel wollten sie sich auch bei der Lösegeldübergabe zunutze machen. Bereits vor Bettinas Entführung hatten sie eine solche Drohne mit erheblicher Hub- und Tragkraft auf dem Schwarzmarkt erworben. Sie testeten sie und machten sich an einem Ort, wo eigentlich niemand vorbeikam, mit deren Steuerung vertraut. Sie kontrollierten dabei auch, wie viel Gewicht man an sie hängen konnte und wie weit die Fernsteuerung reichte. Sie stellten fest, dass man sie auch noch auf zwei Kilometer Distanz sicher steuern konnte. Sie rüsteten die Drohne mit einem Greifarm aus. Mit diesem sollte dann der Plastiksack mit dem Geld behändigt werden. Die Soldaten hatten einen Übergabeort ausgesucht, der etwas unterhalb einer Geländeerhebung lag. Von der Anhöhe aus konnte man auf diesen Punkt sehen. Die Anhöhe trennte zwei verschiedene Geländekammern. Ziel der Ganoven war es, die Drohne von dieser erhöhten Stelle aus zu steuern und sie dann, nachdem sie den Plastiksack aufgenommen hatte, in die andere Geländekammer fliegen zu lassen. Dort würde das Geld vom anderen Soldaten sofort in ein neues Behältnis gepackt und geprüft werden, ob der „Geldsegen“ mit einem Peilsender bestückt war. Sollte dies der Fall sein, würde man den leeren Plastiksack mit dem Sender der Drohne wieder anhängen und diese in eine andere Richtung fliegen lassen, bis sie dann, wenn die Batterie verbraucht war, irgendwo abstürzen würde. Mit diesem Manöver könnte man die Polizei auf eine falsche Fährte führen. Nach dem Umpacken war Eile geboten. Man musste ja, bevor die Polizei eine großräumige Fahndung in die Wege leiten konnte, wieder aus diesem Gebiet herauskommen.

Einige Stunden später nahm Soldat Mike erneut mit der Familie Wettstein Verbindung auf: „Der Gesundheitszustand Ihrer Tochter hat sich verschlechtert. Bringen Sie das Lösegeld von einer halben Million Euro in einem Plastiksack mit Griffen heute um drei Uhr nachmittags auf die Ludwigshöhe. Gehen Sie einen Kilometer lang dem Wanderweg in Richtung Eberweide nach. Exakt bei der Koordinate XY stellen Sie den Sack fünf Meter südlich des Brunnens ab. Achten Sie darauf, dass Ihnen keine Polizei folgt. Mit einer solchen Aktion würden Sie das Leben von Bettina gefährden. Sobald Sie den Plastiksack mit den Henkeln nach oben ausgerichtet abgestellt haben, entfernen Sie sich sofort wieder. Gehen Sie den Weg zurück, steigen beim Parkplatz in Ihren Wagen und fahren zurück."

Familie Wettstein war noch mehr beunruhigt. Der Anrufer hatte ja bekanntgegeben, Bettina gehe es nicht gut. Schnelles Handeln war angesagt. Man wollte die Tochter umgehend und so schnell wie möglich, aber vor allem unversehrt zurückbekommen. Oberst Wettstein befahl der Polizei, ihn auf dem Weg zur Geldübergabe nicht zu verfolgen, und bat den leitenden Beamten ausdrücklich, sich unbedingt an diese Weisung zu halten.

Beim letzten Telefonat mit den Entführern hatte die Zeit gereicht, um den exakten Standort der Telefonzelle ausfindig zu machen. Auch dieses Mal rückte die Spurensicherung aus.

Wettstein besorgte sich sofort eine Karte mit kleinem Maßstab und schaute nach, wo er sich hinbegeben musste. Kurz vor drei Uhr am Nachmittag traf er mit dem Geld beim Übergabepunkt ein.

Soldat Urs, der die Drohne steuerte, konnte dies durch sein Fernglas gut erkennen. Für die Kommunikation hatten sich die Soldaten gleich wie bei der OB-Entführung zwei Funkgeräte beschafft. Über Funk gab Urs diesen ersten Erfolg seinem Kollegen Mike, der in der anderen Geländekammer wartete, durch.

Wettstein stellte die Tasche ab, achtete darauf, dass die Henkel nach oben ausgerichtet waren, und entfernte sich schnellen Schritts wieder in Richtung Parkplatz.

Die von Urs aus sicherer Distanz gesteuerte Drohne flog nun heran. Die Erfassung der Griffe des Plastiksackes mit dem Geld funktionierte jedoch nicht beim ersten Mal. Mit dem Fernglas am Auge korrigierte Soldat Urs den erneuten Anflug. Dieses Mal glückte die Aufnahme der Tasche. Schnell ließ Urs die Drohne wieder aufsteigen und flog sie über die Kuppe zu seinem Kollegen Mike in die andere Geländekammer.

Soldat Mike nahm die Tasche in Empfang und fand beim Umpacken des Geldes, wie er vermutet hatte, einen Peilsender vor. Diesen legte er wieder in den Plastikbeutel und gab Urs, der mit der Fernsteuerung noch auf der Kuppe stand, via Funk die Weisung, die Drohne wieder zu starten und östlich davonfliegen zu lassen. Diese stieg daraufhin rauschend und in schnellem Tempo wieder auf.

Soldat Urs sah, wie sie in hohem Tempo über einen Wald hinwegflog. Er begab sich nun auch rasch in den Geländeabschnitt, wo sein Kollege Mike das Geld in Empfang genommen hatte. Bereits um sechzehn Uhr verließen sie mit ihrem Wagen, dieses Mal war es nicht der blaue Ford-Transporter, sondern ein angemieteter VW Golf, diesen Ort.

Ohne irgendwo in eine Kontrolle zu geraten, gelangten sie wieder in die große Stadt zurück. Sie gaben das Mietauto bei Hertz zurück und begaben sich in ihre Wohnung. Dort klopften sie sich auf die Schulter und waren davon überzeugt, man würde ihnen nie auf die Schliche kommen.

Als es einnachtete, fuhren Urs und Mike mit dem Ford-Transporter zum Versteck, dem alten Bunker, wo sie Bettina festhielten. Sie zeigten ihr einen Zettel, auf dem geschrieben stand, sie sei nun bald frei. Wieder betäubten sie das Mädchen und fuhren sie in die Stadt. Bei der Einfahrt in eine Notfallstation eines Spitals ließen sie Bettina frei. Sie legten sie dort neben eine Bank.

Das Mädchen wurde dort schnell gefunden und in das Spital gebracht. Bettina war von ihren Schreckerlebnissen stark traumatisiert. Sie konnte aber angeben, wer sie war. Eine Stunde später konnten Mutter und Vater ihre geliebte Tochter Bettina wieder in die Arme schließen.

Großangelegte Polizeiaktionen

Jetzt ermittelten das LKA und die Polizei der großen Stadt gemeinsam. Die Sonderkommissionen wurden zusammengezogen und personell aufgestockt. Es ging immerhin darum, zwei sich innert drei Monaten erfolgte Entführungsfälle aufzuklären. Das war man den Opfern, sich selbst und vor allem auch der Öffentlichkeit schuldig. Der Standort der großen Sonderkommission war beim LKA in der Landeshauptstadt. Zuerst wurde nach Parallelen in den beiden Fällen gesucht.

Sowohl der OB als auch Bettina Wettsein hatten angegeben, in einem Transporter entführt worden zu sein. Beide hatten erwähnt, dieser wäre blau gewesen. Aus ihren Aussagen war ebenso hervorgegangen, dass beide wahrscheinlich am gleichen Ort festgehalten worden waren. Auch die Hinweise, die Täter hätten kein einziges Wort gesprochen, sondern nur mit Zetteln mit ihnen kommuniziert, ließen auf die gleiche Täterschaft schließen. Im Fall OB gab es immer noch Polizisten, die eine Eigeninitiierung nicht völlig ausschließen wollten. Aber auch die Lunte zum Stadtkämmerer, die seinerzeit von Stadtrat Simmerling gezündet worden war, wurde weiter verfolgt. Gemeinsam haftete diesen beiden Entführungen auch die Beschreibung der Täter an. Sowohl der OB also auch Bettina hatten von großen, schlanken Männern geredet. Der OB hatte allerdings erwähnt, er sei von zwei Männern in Kampfmontur überwältigt worden. Bettina indessen hatte von in zivil gekleideten Männern gesprochen. Bei beiden Fällen hätten die Täter Sturmmasken getragen. Schon ziemlich bald erhärtete sich der Verdacht, es könnte sich in beiden Fällen um die gleichen Täter handeln. Eine Spur zu Stadtrat Simmerling hatte sich bis jetzt noch nicht aufgetan.

Gleichzeitig ermittelte auch die Bundeswehr weiter. Dort wurde immer noch überlegt, ob man mit der Entführung der Tochter des Waffenplatzkommandanten der Armee schaden wollte. Je länger diese Idee aber verfolgt wurde, umso mehr ergab sich in diese Richtung kein ernsthaft begründeter Ermittlungsansatz. Auch wurde die Armee weder mit einer Geld- noch einer anderen Forderung erpresst.

Die Ermittler der Bundeswehr arbeiteten eng mit der großen Sonderkommission zusammen. Weil bei der OB-Entführung von potentiellen Soldaten die Rede war, kam bei den Fahndern auf der Armeeseite auch der Gedanke auf, ob allenfalls Soldaten von Wettsteins Waffenplatz dahinterstecken konnten. Einige Armeeangehörige, denen man eine solche Tat zutrauen konnte, wurden heimlich etwas näher unter die Lupe genommen. Dazu gehörte auch die Einsichtnahme in ihre finanziellen Verhältnisse. Aber auch hier gab es keine Auffälligkeiten.

Oberst Wettstein wurde auch gefragt, ob er sich vorstellen könnte, dass sich jemand an ihm rächen wollte und deshalb seine Tochter entführt hatte.

Wettstein sah aber keinen solchen Zusammenhang. Ganz generell war zu sagen: Wettstein war bei seinen Leuten, sowohl bei den Offizieren als auch bei den Soldaten, beliebt.

Nach zwei Wochen war man sich einig: In beiden Fällen musste die gleiche Täterschaft am Werk gewesen sein. Ansonsten hatte man aber immer noch keine heiße, vielversprechende Spur gefunden.

Dann aber fand man das Versteck, wo der OB und Bettina Wettstein gefangen gehalten worden waren.

Die Leute vom städtischen Bauamt hatten seinerzeit das Haus im Waldstück am Rande der Stadt nicht betreten können, weil es verschlossen gewesen war und ihre Schlüssel nicht gepasst hatten.

Später kreuzte der Bautrupp der Stadt dort aber wieder auf und öffnete den Eingang mit Gewalt.

Die Männer bemerkten schnell, dass sich in diesem Hause Leute aufgehalten haben mussten. Es lagen noch PET-Flaschen, Essensreste und Zigarettenstummel herum. Als sie sich das Untergeschoss anschauten, fanden sie ein Zimmer, in dem jemand gelebt haben musste. Jedenfalls verständigten die Bauleute umgehend die Polizei.

Diese war schnell mit einer Streife vor Ort. Ihnen war klar, dass es sich hier um das Versteck der Entführten handeln konnte. Daraufhin untersuchte die Spurensicherung das Haus, insbesondere das untere Zimmer, aber auch die Umgebung nach Fingerabdrücken und DNA-Spuren. Man fand auch solche, vor allem auf den Zigarettenkippen. Weil aber die beiden Soldaten nicht vorbestraft waren, war auch ihre DNA nicht im Polizeicomputer gespeichert.

Zur Sicherheit schaute sich der OB, der sich von der Entführung wieder recht gut erholt hatte, das Zimmer an. Er bestätigte, dort gefangen gehalten worden zu sein.

Auf einer Pressekonferenz der Polizeibehörden wurde bekannt gegeben, man hätte das Versteck, wo die Entführten gefangen gehalten worden waren, gefunden. Von den Tätern fehle aber noch jede Spur.

Diese Meldung hörte auch der schlaue Torsten, welcher ja die OB-Entführung initiiert hatte. Er wusste natürlich, die beiden Soldaten Urs und Mike waren die Trittbrettfahrer. Diese Narren hatten für Bettina das gleiche Versteck verwendet, welches vorher für den OB gedient hatte. Und bestimmt hatten sie dort auch Spuren hinterlassen. Es würde wahrscheinlich nicht mehr lange dauern, bis ein Heer von Polizisten und Spezialisten auf ihre Spur kommen würde. Das wiederum passte Torsten nicht. Er sah, dass damit der Mittäter Stadtrat Simmerling und wenn es ganz dumm laufen würde auch er in Bedrängnis geraten könnte.

Torsten überlegte, wie er verhindern konnte, dass die Soldaten gefasst werden würden. Sollte er sie umbringen, damit sie nicht mehr reden konnten? Nach einiger Überlegung entschloss sich Torsten, den beiden von ihm seinerzeit „angefutterten" Soldaten einen anonymen Brief zu schreiben. In diesem hieß es:

Liebe Soldaten,

von Ihrem eigenen Entführungsfall habe ich gehört. Offenbar ist es Ihnen gelungen, dafür auch Lösegeld zu erhalten. Sie sind Trittbrettfahrer. Die Gefahr besteht, dass man Ihnen über das Versteck, dem Haus im Wald am Rande der Nord-

stadt, auf die Schliche kommt. Ich rate Ihnen dringend, zeigen Sie keine Auffälligkeiten und leben Sie Ihren gewohnten Alltagstrott weiter. Vor allem nehmen Sie weiterhin an den psychologischen Therapiesitzungen, die die Bundeswehr wöchentlich für traumatisierte Armeeangehörige veranstaltet, teil. Ein dortiges Fernbleiben würde auffallen. Wenn Sie erwischt werden, droht Ihnen eine langjährige Gefängnisstrafe.

In der Morgenfrühe warf Torsten diese Ermahnung in den Briefkasten der Soldaten.

Torsten schrieb auch an Stadtrat Simmerling. Dieses Mal an seine Privatadresse, weil es ja keinen konspirativen Briefkasten mehr gab:

Lieber Herr Simmerling,

bestimmt haben auch Sie von der Entführung von Bettina Wettstein gehört. Und sicherlich haben Sie auch gemerkt, dass hinter dieser Entführung unsere beiden Soldaten, die für uns die Drecksarbeit erledigt haben, stecken.

Das ist nicht gut und könnte letztlich auch uns, vor allem aber Sie gefährden. Offenbar haben die Soldaten für Bettina Wettstein das gleiche Versteck wie vorher für den OB gewählt. Wahrscheinlich haben sie dort auch DNA-Spuren und viel-

leicht sogar Fingerabdrücke hinterlassen. Es besteht die Gefahr, dass die Ermittler nach einer gewissen Zeit einen Zusammenhang zwischen den Soldaten und dem Versteck herstellen könnten. Und dann ist es nur eine Frage der Zeit, bis unsere Handlanger verhaftet werden. Ich bin mir noch nicht sicher, ob es besser ist, den beiden zu helfen oder aber sie ihrem Schicksal zu überlassen.

Sie, lieber Herr Simmerling, standen bei unserer Aktion diesen beiden näher als ich, denken Sie an die Verbindungen mit dem Funkgerät. Was meinen Sie, was sollen wir tun?

Damit Sie mit mir kommunizieren können, habe ich den letzten konspirativen Briefkasten an der Rasalzerstraße 45 mit dem Namen M. Illiar wieder eingerichtet, er ist ab sofort in Betrieb.

Den Soldaten habe ich übrigens geschrieben, eine Kopie liegt diesem Schreiben bei.

Simmerling reagierte schnell und warf schon am nächsten Tag einen Brief mit folgendem Inhalt in den besagten Briefkasten:

Lieber Anonymer,

natürlich habe auch ich gemerkt, dass unsere Soldaten die Entführung von Bettina Wettstein durchgeführt haben und dies erst noch erfolg-

reich. Über meine Tätigkeit als Stadtrat und oberster Schirmherr des Bauamts weiß ich auch, dass das Versteck schon aufgeflogen ist und die Polizei dort schon Spuren gesichert hat. Unsere Soldaten stellen in der Tat ein latentes Risiko dar. Es muss im Interesse von uns beiden liegen, Schaden von dieser Seite abzuwenden. Die Frage ist aber wie. Vielleicht wäre es das Beste, wenn diese möglichst bald unser Land verlassen und sich beispielsweise nach Thailand absetzen würden. Umbringen können wir sie nicht. Haben Sie eine Idee?

Die Ermittlungen der Behörden liefen auf Hochtouren weiter. Nachdem die Suche nach verdächtigen Soldaten auf dem Waffenplatz von Oberst Wettstein keine Ergebnisse gebracht hatten, überlegte sich die Sonderkommission zu klären, ob Soldaten von einer weiter entfernten Kaserne in Frage kommen könnten. Diese Abklärungen nahmen nun wieder die Organe der Bundeswehr vor.

Parallel dazu suchte man auch nach einem blauen Transporter. Dieser schien wie vom Erdboden verschwunden zu sein. Die Soldaten hatten ihn nämlich nach Abschluss der zweiten Entführung in einem zwanzig Kilometer entfernten Waldstück abgestellt und angezündet. Das Wrack war offenbar bis jetzt nicht gesichtet worden, jedenfalls war bei der Polizei noch keine entsprechende Meldung eingegangen.

Man beschloss bei der Sonderkommission, nach weiteren Soldaten zu suchen, hatte doch der OB immer davon gesprochen von Soldaten überwältigt und entführt worden zu sein. Vor allem der Umstand, dass in beiden Fällen Koordinaten angegeben worden waren, ließ auf ein gewisses militärisches Wissen schließen. Von der Idee, der OB und seine Familie hätten selbst hinter der Entführung gesteckt, war man zwischenzeitlich wieder weggekommen.

Schließlich kam man darauf, dass die Bundeswehr in der Nordstadt einige neu renovierte Mehrfamilienhäuser besaß. Man hörte auch von Armeeverantwortlichen, dass einige dieser Wohnungen unter anderem auch an traumatisierte Soldaten, die in Afghanistan Dienst geleistet hatten, zu günstigen Konditionen vermietet worden seien. Konnte sich die Täterschaft vielleicht unter diesen Leuten befinden? Polizisten aus der Sonderkommission, verstärkt durch solche von der Stadt und vom LKA, besuchten in den folgenden Tagen ehemalige Soldaten mit Afghanistan-Hintergrund in ihren Wohnungen. Auch bei Urs und Mike klingelten sie.

Diese gaben sich cool, hörten sich die Fragen an und gaben an, in der fraglichen Zeit im Ausgang gewesen zu sein. Natürlich überprüften die Polizisten die Alibis.

In den Beizen, die von den Soldaten angegeben wurden, wusste man nicht mit Sicherheit, ob Mike und Urs zu den fraglichen Zeiten anwesend gewesen waren. Die Antworten an die Polizisten lauteten: „Kann sein, kann aber auch nicht sein."

Auch diese mühsame Ermittlungsarbeit führte nach zwei weiteren Wochen also nicht zum gewünschten Erfolg beziehungsweise zu den Tätern.

Urs und Mike waren nun aber doch etwas unsicher geworden. Hatte die Polizei irgendwie doch Lunte gerochen oder hatte sie der Anonyme sogar verpfiffen? Nein, Letzteres konnte nicht sein, sonst hätten sie die Polizisten zur Einvernahme mitgenommen. Sollten sie, wie ihnen der Anonyme geraten hatte, abhauen? Aber wohin, käme eine Flucht nicht einem Schuldeingeständnis gleich?

Torsten bekam Wind davon, dass bereits Polizisten bei den Soldaten vorgesprochen, diese aber nicht mitgenommen hatten. Deshalb schrieb er Mike und Urs einen weiteren Brief. In diesen baute er geschickt die Idee, die von Simmerling stammte, ein.

Liebe Soldaten,

ich weiß, Ihr habt bereits Besuch von der Polizei erhalten. Ich befürchte, dass diese wieder bei Euch auftauchen und dann auch eure DNA und Fingerabdrücke nehmen wird. Ihr seid gefährdet. Verlasst das Land so schnell wie möglich, fliegt nach Thailand. Mit diesem Land besteht kein Auslieferungsabkommen. Geld für die Umsiedlung habt ih ja genug.

Von diesem Schreiben erhielt Simmerling eine Kopie.

Die Soldaten selbst beurteilten ihre Lage offenbar aber weniger drastisch. Sie zeigten keine Anzeichen, abreisen zu wollen. Sie hockten herum, besuchten das Café um die Ecke und abends jeweils verschiedene Lokale, die sie auch schon früher immer wieder aufgesucht hatten. Aber eines musste man ihnen lassen: Sie schmissen nicht mit Geld um sich. Auch sie verfolgten aufmerksam alle Meldungen in Presse und Fernsehen, die mit ihren Taten zu tun hatten.

Torsten wandte sich wieder an seinen Komplizen, Simmerling. Er schieb ihm:

Lieber Herr Simmerling,

unsere Soldaten zeigen offenbar keine Anzeichen, Ihren Rat, sich nach Thailand abzusetzen, zu befolgen.

Ich befürchte, dass nach einer gewissen Zeit die Polizei wieder bei ihnen auftauchen und sie in die Mangel nehmen wird. Die DNA-Spuren aus dem Haus, wo die Entführungsopfer festgehalten wurden, werden mit denen, unserer Soldaten übereinstimmen. Dies wird ein ausreichender Beweis sein, um für sie Untersuchungshaft zu beantragen. Ich gehe davon aus, dass es dann nur eine Frage der Zeit sein wird, bis die Soldaten ein Geständnis ablegen werden.

Ein solches könnte vor allem für Sie, aber natürlich auch für mich ungünstig sein. Wir müssen handeln, bevor die nächste Polizeiwelle anrollt.

So leid es mir tut, ich spreche es aus: Die Soldaten müssen eliminiert werden. Ich habe seinerzeit Urs und Mike für die Drecksarbeit vorgeschlagen und angeheuert. Ich fühle mich deshalb auch verantwortlich, nun eine Lösung zu finden. Ich werde mich nach einem Killer umsehen.

Simmerling antwortete schnell:

Lieber Anonymer,

die Soldaten stellen tatsächlich ein erhebliches Risiko dar. Sie haben Recht, die Polizei wird eine zweite Welle auslösen und dann bestimmt auch Mike und Urs nochmals befragen und ihre DNA und Fingerabdrücke mit denen im Versteck gefundenen vergleichen. Auch ich gehe davon aus, dass diese beiden Herren wahrscheinlich schnell zu einem Geständnis bereit wären. Wenn sie meinen Vorschlag, sofort nach Thailand abzureisen ablehnen, bleibt, wie Sie es schon gesagt haben, nichts anderes übrig, als sie zu eliminieren. Ich billige dies nicht, habe aber auch keine andere, bessere Lösung auf dem Präsentierteller.

Suche nach einem Killer

Torsten überlegte, wie man einen Killer beauftragen könnte, ohne mit ihm direkt in Verbindung treten zu müssen. Er kannte keine solchen Leute und hatte auch keine Ahnung, wie man mit Auftragskillern in Kontakt treten könnte.

Er erinnerte sich an sein Jusstudium. Da war doch in einer Lektion auch von Auftragsmördern die Rede. Einer der Kommilitonen fragte damals den Professor eher spaßeshalber, ob er wisse, wie man solche Leute finden könne. Der Professor hatte gezwinkert und zurückgefragt: *Möchten sie einen Auftrag erteilen?* Damals stand die Meinung, solche Leute könne man über das Internet finden, im Vordergrund. Aber wie? Torsten googelte ganze Nächte lang, wurde aber nicht fündig. Könnte allenfalls eine Verbindung zu solchen Leuten über das hiesige Verbrechermilieu hergestellt werden? Aber er, der ehrenwerte Dr. iur. Torsten Mulander, konnte sich nicht in die Niederungen dieser Kreise herablassen. Wer könnte das für ihn tun?

Als er wieder einmal an einem Sonntag am elterlichen Tisch saß, fragte er seinen Vater, welches sein größter strafrechtlicher Fall gewesen sei. Gleichzeitig sagte Torsten zu seinem Vater: „In der letzten Zeit beschäftigt mich eben doch der Gedanke, den gut bezahlten Bankjob mit einer Anstellung als Anwalt in Deiner Kanzlei zu tauschen. Irgendwie reizt mich die anwaltliche Tätigkeit eben doch."

Über diese Äußerung war Mulander sen. sehr erfreut. In der Bibliothek erzählte er dann seinem Sohn, er hätte einmal einen Mandanten vertreten, dem vorgeworfen wurde, er hätte einen Killer engagiert und diesen auf einen seiner Feinde angesetzt. Sein Mandant sei schuldig gesprochen worden. Im Laufe der Untersuchung habe auch die Frage, wie sein Klient an den Killer gelangt sei, eine Rolle gespielt. Er mochte sich noch gut an das Polizeiprotokoll erinnern, in dem festgehalten worden war, wie sein Mandant gestanden und die Frage nach der Herkunft des Killers beantwortet hatte: Sein damaliger Klient habe den Killer in einer finsteren Kneipe namens *Rucharen* in Amsterdam gefunden.

Der Kontakt zu seinem Vater brachte Torsten auf die Idee, in Amsterdam nach einem Killer zu suchen, aber natürlich nicht selbst. Jemand anders müsste diesen Part auf sich nehmen. Aber wer?

Torsten hielt trotz seiner Arbeit in der Bank und seiner „Nebenbeschäftigungen" den Kontakt zu seinen Anwaltskollegen aufrecht. Er traf sich regelmäßig mit verschiedenen Juristen, meist zu einem Mittag- oder zu einem Abendessen. Einer seiner Kollegen hatte einmal, natürlich mit Berufung auf die anwaltliche Schweigepflicht, von einem Klienten erzählt, der wegen verschiedener Gaunereien schon mehrmals von seiner Kanzlei vertreten worden war. Dieser Mann lerne aber einfach nichts aus den Verurteilungen und werde immer wieder straffällig. Vor allem schwebe er auch fast permanent in Geldnöten. Mit viel Geschick gelang es Torsten, seinem Kollegen den Namen und auch noch die Adresse dieses Mannes aus der Nase zu ziehen.

Torsten kam zum Schluss, dieser Typ könnte doch für ihn nach Amsterdam reisen und dort in der finsteren Kneipe Rucharen oder anderswo nach einem Killer Ausschau halten. Daher wandte er sich mit einem anonymen Brief an diesen Mann.

Lieber Viktor,

die Sache ist etwas kompliziert, ich muss mich auf diesem Wege an Sie wenden und ich kann Ihnen auch nicht sagen, wer ich bin und woher ich Sie kenne.

Ich benötige dringend einen Auftragskiller. Ich weiß, Sie übernehmen keine solchen Aufträge. Hierzulande konnte ich keinen finden. Ich weiß aber, dass solche Leute in der verrufenen Kneipe Rucharen in Amsterdam verkehren. Ich frage Sie daher an: Würden Sie mir gegen eine gute Belohnung einen solchen Kontakt herstellen?

Wie Sie sehen, liegt diesem Schreiben eine Akontozahlung von dreitausend Euro bei. Diese soll Ihnen als Handgeld für Ihre Bemühungen und Spesen dienen. Wenn Sie den Auftrag annehmen und wenn es Ihnen gelingt, einen Killer dazu zu bringen, mit mir Verhandlungen aufzunehmen, erhalten Sie nochmals dreitausend Euro. Ihre Antwort legen Sie bitte in den konspirativen Briefkasten, lautend auf den Namen M. Illiar, an der Rasalzerstraße 45. Wenn ich innerhalb dreier Tage keine Nachricht von Ihnen erhalte, gehe ich davon aus, dass Sie den Auftrag nicht annehmen wollen. In diesem Fall wollen Sie bitte die Akontozahlung zurückgeben beziehungsweise diese wieder in den Briefkasten an der Rasalzerstraße le-

gen. Bitte sprechen Sie mit niemandem über diesen Brief.

Als Viktor den Brief öffnete, war er überrascht, in diesem dreitausend Euro zu finden. Als er den Brief las, war er noch erstaunter, da gab es doch tatsächlich jemanden, der ihn beauftragen wollte, einen Killer zu suchen. Viktor dachte, er spinne. Je länger er aber darüber nachdachte, fand er diese Sache zwar nicht ganz ungefährlich, sie würde ihm aber doch einiges an Geld einbringen. In der Folge meldete er sich über den konspirativen Briefkasten an der Rasalzerstraße 45 mit Namen M. Illiar.

Er teilte dem anonymen Schreiber mit, er würde den Auftrag annehmen und nach Amsterdam reisen. Er solle sich doch wieder mit ihm in Verbindung setzen.

Torsten schrieb Viktor erneut:

Lieber Viktor,

ich freue mich, dass Sie für mich tätig werden. Beeilen Sie sich, die Sache ist dringend und denken Sie daran, versuchen Sie keine linke Tour, ich bin Ihnen überlegen. Ich weiß wer Sie sind, Sie kennen mich aber nicht. Sollten Sie einen geeigne-

ten Mann finden, sagen Sie diesem, er soll sich bei mir über die geheime Briefkastenadresse melden. Sofern er sich aber sofort in unsere Stadt bemüht, kann er auch persönlich eine Meldung in den besagten Briefkasten werfen. Ich lasse Ihnen deshalb einen zweiten, passenden Schlüssel zugehen, den Sie bitte dem möglichen Killer übergeben wollen.

Jetzt musste man warten und hoffen, vor allem auch, dass die Polizei noch eine Weile brauchen würde, um erneut bei den Soldaten vorzusprechen.

Viktors Ausflug nach Amsterdam

Viktor hatte den Auftrag des Anonymen angenommen. Mit der Eisenbahn reiste er an einem Montag nach Amsterdam. Viktor war schon öfters mit dem Gesetz in Konflikt geraten, meistens wegen kleinerer Betrügereien oder Einbrüchen, und einmal wurde er auch wegen Körperverletzung verurteilt. Ganz große Kisten hatte Viktor aber noch nie angelangt. Von Verbrechen gegen Leib und Leben hatte er sich bis anhin stets zurückgehalten.

Auf der langen Zugfahrt in die niederländische Metropole überlegte er sich, wie er es in der Kneipe Rucharen anstellen sollte, um mit einem Killer in Kontakt zu kommen. Wie würde er merken, wer von den Anwesenden ein solcher sein könnte? Viktor sprach kein Holländisch, aber recht gut Englisch. Sprachlich sollte er eigentlich zurechtkommen. Er überlegte sich auch, ob er allenfalls, wenn er keinen Auftragsmörder finden würde, den Auftrag selbst übernehmen sollte. Aber eben davor hatte er schon noch ein wenig Skrupel, er hatte noch nie einen Menschen umgebracht. Und er war sich als ehemaliger Strafgefangener auch bewusst, dass eine solche Tat, sofern er erwischt würde, mit lebenslanger Haft bestraft werden würde. Auch hatte er noch nie eine

Faustfeuerwaffe oder ein Gewehr in der Hand gehabt.

In Amsterdam stieg Viktor in einem einfachen Hotel ab. Schon via Internet hatte er ausgelotet, wo sich die Kneipe Rucharen befand. So gegen sechs Uhr abends machte er sich auf den Weg dorthin. In dieser rauchgeschwängerten Kneipe war es tatsächlich finster. Noch finsterer waren die hier herumlungernden Gestalten. Viktor hockte sich an die Bar, soff ein Bier nach dem anderen und wartete. Wie sollte er vorgehen?

Um acht Uhr standen noch einige dubiose Figuren mehr an der Bar. Auch vier Frauen lungerten dort herum. Bei ihnen konnte es sich, so wie sie aufgedonnert waren, nur um Prostituierte handeln. Aber wie sollte man hier an einen Killer kommen? Er sah den Männern ja nicht an, in welcher Sparte Verbrechen sie sich gerade tummelten.

So um neun Uhr machte er sich an eine Dirne heran. Mit dieser Frau verließ er die düstere Spelunke und ging auf ihr Zimmer, das sich in einem alten Haus in der Nähe der Kneipe befand. Als es dann um die Entrichtung des Hurenlohns ging, zückte Viktor nicht nur einen Schein, sondern gleich drei. Die Frau verstand die Welt nicht mehr. Viktor war nämlich auf die Idee gekommen, die Prostituierte könnte ihm allenfalls helfen, einen Killer zu finden.

Er sprach diese behutsam auf seinen echten Amsterdambesuch an. Erst war die Frau überrascht, dann fürchtete sie sich vor ihm und letztlich obsiegte ihre reine Geldgier. Sie sagte zu Viktor: „Wenn du noch zwei solche Scheine drauflegst, werde ich dir eine Adresse nennen, wo du eventuell fündig werden könntest.“

Sie begleitete Viktor zu einer anderen Kneipe, wo sich ebenfalls finstere Gesellen aufhielten. Die Prostituierte ging zu einem Mann, der sich Robert nannte, und sprach diesen auf Holländisch an. Robert musterte Viktor von einem Tisch aus. Nach einer gewissen Zeit verzog sich die käufliche Frau und Robert gab Viktor ein Zeichen, sich zu ihm an den Tisch zu setzen. Wohl war es dem doch eher kleinkriminellen Viktor schon lange nicht mehr.

Robert, eine schlanke, hochgewachsene Gestalt von einem Meter neunzig, war vielleicht so vierzig Jahre alt, rauchte eine billige Zigarre und schaute Viktor mit seinen stechenden Augen scharf an. Auf Englisch kam ein Gespräch zustande. Viktor schilderte sein Anliegen und betonte, er sei nur der Mittelsmann. Sein Auftraggeber kenne ihn, er ihn aber nicht. Meldungen von ihm an den Anonymen würden über einen konspirativen Briefkasten laufen. Dem Anonymen gehe es vor allen darum, dass nun schnell gehandelt werde.

Robert stand auf und sah auf den wesentlich kleineren Viktor herunter und meinte: „Ich werde es mir überlegen. Warte hier einen Augenblick, ich werde meine Bedingungen formulieren und sie dir in einem Briefumschlag zuhanden des Anonymen mitgeben."

Auf einen Zettel kritzelte Robert, er wolle eine Anzahlung von fünfundzwanzigtausend Euro und weitere fünfundzwanzigtausend nach Erledigung des Auftrages. Ferner stand auf dem Zettel, er werde in zwei Tagen die Antwort im besagten Briefkasten abholen.

„Ich werde dann später mit dem Briefkastenschlüssel, den du mir überreicht hast, selber die Antwort des Anonymen abholen. Fahr jetzt sofort in deine Stadt zurück und leg diesen Briefumschlag in den genannten Briefkasten. Wenn der Anonyme dann meine Honorarforderung erfüllt, werde ich den Auftrag annehmen."

Am anderen Morgen bezahlte Viktor sein Hotel und reiste mit dem nächstmöglichen Zug in seine Heimatstadt zurück. Dort warf er die Nachricht von Robert, dem angeheuerten Killer, in den Briefkasten an der Rasalzerstraße 45 sowie einen Zettel, er habe seinen Auftrag erfüllt und wolle nun den Rest seines Honorars kassieren.

Torsten kontrollierte den Briefkasten zur nachtschlafenden Zeit und fand die Nachrichten von Viktor und von Killer Robert. Letzterer wusste offenbar, was er Wert war. Zähneknirschend biss Torsten in den sauren Apfel, hob zulasten eines seiner Konten fünfundzwanzigtausend Euro ab und legte diese in ein Schließfach beim Hauptbahnhof. In den konspirativen Briefkasten legte Torsten einen Brief mit dem Schließfachschlüssel. In diesem hieß es:

Lieber Robert,

Sie haben sich bereit erklärt, meinen Auftrag anzunehmen. Sie finden hier den Schlüssel, der zum Schließfach Nummer 381 im Hauptbahnhof passt. Dort finden Sie die von Ihnen verlangte Anzahlung von fünfundzwanzigtausend Euro. Und nun zum konkreten Auftrag:

Es geht um die beiden Soldaten Mike und Urs, die an der Wiesentalstraße 10 im Norden der Großstadt wohnen. Sie finden hier auch zwei Fotos, auf dem beide gut erkennbar sind. Meist verlassen sie ihr Haus, da arbeitslos, erst so gegen zehn Uhr morgens und begeben sich dann in das Café gleich um die Ecke. Ich bitte Sie, diese beiden Herren so schnell wie möglich zu eliminie-

ren. Den Rest des Geldes erhalten sie gleich danach.

Wir kommunizieren weiter über die Rasalzersstraße.

Nun musste Torsten auch noch Viktor für seine Dienste entschädigen. Er schrieb ihm an seine Wohnadresse:

Lieber Viktor,

für Ihre Vermittlungsdienste danke ich Ihnen bestens. Killer Robert hat sich bereits über den Briefkasten bei mir gemeldet. Als Beilage erhalten Sie den Schlüssel zum Schließfach Nr. 1487, das sich im Hauptbahnhof befindet. In diesem finden Sie den Rest des Ihnen zustehenden Honorars.

Der Killer trifft Vorkehrungen und führt seinen Auftrag aus

Zwei Tage später reiste Killer Robert wie angekündigt mit seinem zusammenlegbaren Supergewehr, Zielfernrohr, Schalldämpfer, Nachtsichtgerät und Munition in die große deutsche Stadt. Alles war in einem Sack, den man normalerweise für den Transport von Golfschlägern verwendet, verpackt.

Um die Mittagszeit kam er am Ziel an, verpflegte sich kurz in einem Restaurant in der Nähe des Hauptbahnhofs und fuhr dann mit einem Taxi an die Rasalzerstraße. Er gab dem Fahrer aber nicht die richtige Hausnummer 45, sondern die 57 an. Dort angekommen fand er schnell das Hochhaus Rasalzerstraße 45 und den Briefkasten mit dem Namen M. Illiar. Mit seinem Schlüssel öffnete er diesen und sah sofort, dass sich im Briefumschlag der Schlüssel Nummer 381 für das Schließfach im Hauptbahnhof befand. Im Weiteren barg der Umschlag auch noch Fotos und Geschriebenes. Er behändigte alles und ging zuerst zum Hauptbahnhof und holte sich dort sein Akontohonorar aus dem besagten Schließfach. Mit einem Taxi fuhr er anschließend zum Hotel in der City, wo er unter einem falschen Namen ein Zimmer vorbestellt hatte. Dort legte er das Geld in den Zimmertresor und studierte dann die Fotos der Soldaten und den Ort, wo das Massaker stattfinden sollte.

Robert verließ das Hotel und ließ sich von einem weiteren Taxi in die Gegend, wo die Soldaten wohnten, chauffieren.

Er beschnupperte die Umgebung ihres Hauses an der Wiesentalstraße 10. Gleich auf der anderen Seite stand ein neueres Gebäude mit Büros und Wohnungen. Robert sah als gekonnter Schütze schnell, wo er sich am besten platzieren konnte, nämlich auf der dritten Etage des gegenüberliegenden Hauses. Dieses Haus aber war bewohnt, er konnte nicht einfach in ein Büro oder in eine Wohnung gehen und dort Stellung beziehen. So funktionierte das nicht.

Ein wesentlicher Teil seiner Rekognoszierungsarbeit bestand auch in der Suche eines sicheren Rückzugswegs. Nach der Schussabgabe musste er so schnell wie möglich seine Stellung verlassen, um unbehelligt untertauchen zu können. Für das Schießen würde er vielleicht eine Minute brauchen. Das Einpacken des Gewehrs und das Auflesen und Einpacken der Hülsen würde nochmals drei Minuten dauern. Dann müsste er auf dem schnellsten Weg und ohne gesehen zu werden aus dem Hause gehen. Auch das würde weitere Zeit erfordern. Die ganze Geschichte lag nicht so einfach. Robert hatte sie sich leichter vorgestellt. Gab es vielleicht noch einen anderen Ort, von dem aus er zielen und dann schießen könnte? Er beäugte die Gegend und vor allem den Weg, beziehungsweise die Distanz zwischen Hauseingang und Café, und kam zum Schluss, es wäre vielleicht klüger, die Männer nicht vom gegenüberliegenden Hause, sondern von der entfernteren grünen Hecke aus zu erschießen. Diese befand sich ungefähr hundertfünfzig Meter vom Zielort entfernt, umgab einen kleineren Park und bot die Möglichkeit, den Rückzug mindestens ein Stück weit ungesehen anzutreten. Die den Park umschließende Thujahecke stellte einen natürlichen Sichtschutz dar. Aber was, wenn sich gerade zu diesem Zeitpunkt Leute im Park aufhielten?

Robert ging in sein Hotel zurück. Er hatte keinen einfachen Auftrag angenommen. Das Schießen und auch das Treffen war eine Sache, sich danach unauffällig vom Tatort zu entfernen eine andere. Er kam zu dem Schluss, es wäre vielleicht leichter, den Auftrag während der Nacht auszuführen.

Er rückte wieder aus. Das Gewehr beziehungsweise den Golfsack ließ er verschlossen und gut gesichert im Hotelzimmer zurück. Nochmals begab er sich in die Nähe der Wiesentalstraße 10 und beobachtete, wie die beiden Soldaten Mike und Urs um halb acht Uhr abends das Haus verließen. Robert folgte ihnen unauffällig und sah, wie sie in eine gut frequentierte Kneipe gingen. Versteckt wartete er und sah, wie die beiden später noch ein Haus weiterzogen – in eine Bar. Erst gegen ein Uhr kamen sie aus dieser wieder heraus und machten sich zu Fuß auf den Heimweg. Aufgrund ihrer Bewegungen musste man schließen, sie hätten doch etwas zu tief ins Glas geschaut. Robert folgte ihnen wieder, fast bis zu ihrem Haus. Mike benötigte lange, bis er endlich den Schlüssel zur Haustüre in der Hand hielt und aufschloss. Robert überlegte, ob er die beiden wohl in der Nacht eliminieren sollte. Er hatte ja auch ein Nachtzielgerät bei sich. Als Standort für die Schussabgabe könnte er, wie schon nachmittags ausgekundschaftet, die Parkhecke nutzen. Nachts wäre es für ihn einfacher, unerkannt und ohne Verfolgung entkommen zu können.

Auch am nächsten Abend und in der darauffolgenden Nacht beobachtete Robert seine künftigen Opfer. Er folgte ihnen wieder und sah: Sie liefen die gleiche Tour wie schon am Vortag.

Dieses Mal kehrten sie allerdings etwas früher zurück als beim ersten Mal. Auch auf ihrem Rückweg folgte ihnen Robert wieder in angemessener Distanz. Dieses Mal fiel ihm auf, dass wenn man in die Nähe des Hauseingangs kam, dort ein helles Licht anging. Dieser Umstand war für Robert von Vorteil, so konnte er auf die beiden ohne Nachtzielgerät schießen.

Aufgrund dieser Rekognoszierungsarbeit entschloss sich Robert endgültig, den Auftrag nachts zu erledigen. Vor der „scharfen Nacht" sah er sich nochmals die Parkhecke an und schritt diese ab, bis eine Lücke kam, aus der man den Park verlassen konnte. Dort würde er dann vorher den Mietwagen abstellen, um mit diesem nach getaner Arbeit zum Hotel zurückzufahren.

Der Plan war soweit gediehen, dass er ihn nun ausführen konnte. Die Exekution der beiden Soldaten war in der kommenden Nacht vom 12. auf den 13. Oktober geplant. Was konnte noch schieflaufen? Möglich wäre, dass Mike und Urs in dieser Nacht ihr Haus nicht verlassen würden oder sie gar nicht oder erst in den schon hellen Morgenstunden von ihrer Sauftour zurückkehren würden. Aber diese Eventualitäten musste Robert in Kauf nehmen. Notfalls müsste er die Exekution auf eine andere Nacht verschieben.

Sofort nach der Tat beabsichtigte Robert, seinem Auftraggeber die Erfolgsmeldung in den Briefkasten an der Rasalzerstraße zu werfen. Es war auch davon auszugehen, dass von diesem Verbrechen über das Radio schon am kommenden Morgen berichtet werden würde. Also würde der Anonyme auch von dieser Seite her über die Auftragserfüllung informiert werden.

Die „scharfe Nacht“ war angebrochen. Robert legte sich schon früh in der Nacht hinter der Hecke auf die Lauer und beobachtete, wie Mike und Urs ihr Haus auch heute wieder um zirka halb acht Uhr verließen. Das war schon einmal gut.

Robert wartete aber nicht jetzt schon auf die Rückkehr der beiden. Er wusste ja, sie würden erst spät von ihrer Sauftour zurückkehren. Robert nutzte die Zeit und verpflegte sich in einem guten Restaurant. Das Gewehr inklusive Zubehör ließ er in dieser Zeit im Kofferraum des Mietwagens. So ab elf Uhr bezog er die Stellung hinter der Parkhecke, von der aus er einen guten Blick auf das Haus der Soldaten hatte.

Um null Uhr dreißig ging vor dem Eingang der Wiesentalstraße 10 das mit einem Bewegungssensor gesteuerte helle Licht an. In diesem sah Robert die Soldaten dahertorkeln.

Robert drückte ab und sah, er hatte getroffen. Er drückte ein zweites Mal ab, gerade als Urs eine Bewegung machte. Er hatte auch dieses Mal getroffen, auch Urs ging zu Boden. Schnell suchte der Killer mit der Taschenlampe die zwei Hülsen zusammen und packte sein Gewehr in den Golfsack. Schnellen Schrittes eilte er zum Loch in der

Hecke, ging auf seinen Mietwagen zu und packte den Golfsack in den Kofferraum. Bis jetzt war alles gut gelaufen, es war ja nicht die erste Exekution, die Robert durchführte.

Gemächlich fuhr er mit dem Wagen zur Rasalzerstraße 45 und warf die auf einen Zettel gekritzelte Vollzugsmeldung in den konspirativen Briefkasten. Dabei dachte er bereits an den zweiten Teil des ihm zustehenden Killerhonorars. Dann fuhr er zurück zu seinem Hotel und parkte den Wagen in einer Straße, nahe seinem Hotel. Robert hoffte, bereits am anderen Tag sein Resthonorar abholen zu können.

Am nächsten Morgen schaltete Killer Robert das Radio im Hotelzimmer an. Auf einem regionalen Sender wurde von einem schweren Verbrechen berichtet. Er wusste, damit war seine Tat gemeint.

Überrascht war er aber dann, als er hörte, es sei nur ein Soldat tödlich getroffen, der andere sei nur angeschossen worden. *Das kann doch nicht sein,* ärgerte sich Robert. Er hatte doch durch das Zielfernrohr gesehen, dass beide Männer zu Boden gegangen waren. Er erinnerte sich aber auch daran, dass sich einer just im Moment der Schussabgabe bewegt hatte. Hatte er ihn wirklich nur angeschossen? Das war nicht gut, würde ihm der Anonyme unter diese Voraussetzungen sein restliches Honorar dennoch bezahlen?

Diese Meldung vernahmen natürlich auch Torsten und Stadtrat Simmerling. Beide wussten jetzt, dass der überlebende Soldat reden würde und dies schon ziemlich bald, vor allem dann, wenn seine Verletzungen nicht gravierend waren.

Killer Robert kontrollierte den Briefkasten an der Rasalzerstraße 45 und fand in diesem keine Meldung, geschweige denn weiteres Geld vom Auftraggeber. Den Anonymen konnte er nur über diesen Weg erreichen. Er legte deshalb noch einmal einen Zettel mit seiner Restforderung in den Briefkasten in der Hoffnung, der Anonyme werde diesen finden und ihm trotz der nur hälftigen Erledigung des Auftrages auch noch den Rest des Killerhonorars bezahlen.

Torsten dachte aber nicht daran. Dieses Unterfangen war gründlich schiefgelaufen. Ferner überlegte der schlaue Torsten auch, der Killer könnte versuchen, ihn bei der Leerung des Briefkastens zu beobachten. Diese Anlaufstelle war somit nicht mehr sicher und musste nun mit äußerster Vorsicht bedient werden.

Auch bei der zweiten Briefkastenkontrolle fand Robert darin weder Geld noch etwas Schriftliches. Er wusste nun, sein Auftraggeber wollte ihm den Rest des Honorars nicht bezahlen. Das ärgerte ihn über alle Maßen. Weil er aber keine Ahnung hatte, wer der Auftraggeber war, konnte er diesen auch nicht aufsuchen und energisch sein Resthonorar einfordern.

Robert entschied sich, seinen Aufenthalt in der Bankenmetropole zu verlängern und zu versuchen, den Anonymen oder Viktor, den Mittelsmann, doch noch ausfindig zu machen. Dies gelang ihm aber auch in den nächsten zehn Tagen nicht – wie denn auch, er hatte wirklich keine Ahnung, wo er diese Herren auftreiben konnte. Den Vermittler hatte er in Amsterdam zwar gesehen und auch mit ihm gesprochen, aber von diesem kannte er nur den Vornamen Viktor und wusste nicht einmal, ob dieser auch echt war. Und er wusste nicht, wo eben dieser Viktor in der großen Stadt zu finden war. Robert war unzufrieden und machte sich auch Vorwürfe, nicht das gesamte Honorar im Voraus kassiert zu haben. Aber immerhin hatte er ja die Anzahlung von fünfundzwanzigtausend Euro auf Nummer sicher.

Torsten schrieb Simmerling erneut einen Brief. Dieses Mal wieder an dessen Privatadresse, weil ja der Briefkasten an der Rasalzerstrasse 45 bereits aufgegeben wurde. Oben auf dem Briefumschlag stand aber der Vermerk, in grossen Lettern „Persönlich/Vertraulich".

Lieber Herr Simmerling,

die Killeraktion schlug, wie Sie sicherlich schon aus dem Radio gehört haben, gründlich fehl.

Einer der Soldaten hat überlebt und wird bestimmt schon bald alles zugeben. Wir beide sind nie direkt mit Mike und Urs in Kontakt getreten. Die Anweisungen erfolgten ja allesamt über den Korrespondenzweg mittels konspirativer Briefkästen. Einmal hatten Sie Funkkontakt mit den beiden. Hier dürfte eine Schwachstelle sein.

Sie hören vom Stand der Ermittlungen über die Stadtverwaltung mehr als ich. Ich bin Ihnen dankbar, wenn Sie mich über wichtige Erkenntnisse in der Untersuchung auf dem Laufenden halten. Wir müssen einen neuen konspirativen Briefkasten eröffnen. Diesen habe ich bei der Heinzelmann-Allee 38, auch einem Hochhaus, installiert. Er ist beschriftet mit dem Namen S. Kummer. *Ich bitte Sie, ab sofort alle Kontakte zu mir über diese Adresse laufen zu lassen.*

Die polizeilichen Maßnahmen werden verstärkt

Es dauerte nicht lange, bis die Ermittler der Sonderkommission eine Verbindung zwischen dem Mord an Soldat Mike und der der OB-Entführung hergestellt hatten. Die beiden Soldaten waren ja vor kurzer Zeit schon einmal von Ermittlern befragt worden. Auf ihre Fährte hatte sie der entführte OB gebracht. Dieser hatte nämlich zu Protokoll gegeben, er sei von zwei Soldaten überwältigt und betäubt worden. Seine Aussage war glaubhaft. Ohnehin hatte die Sonderkommission vor, die beiden Soldaten einem ausgedehnten Verhör zu unterziehen. Die Mordkommission 2, welche für den Mord an Mike zuständig war, arbeitete von nun an eng mit der Sonderkommission Entführung zusammen. Natürlich wurde auch mit Hochdruck nach dem Killer gefahndet. Die Stelle, von wo aus er das Gewehr abgefeuert hatte, wurde schon tags darauf gefunden. Allerdings konnten keine Patronenhülsen sichergestellt werden.

Die Verletzung von Soldat Urs war nicht allzu schlimm. Er hatte einen Streifschuss am linken Oberarm erlitten und konnte das Spital schon nach zwei Tagen wieder verlassen.

Urs befand sich aber in einem denkbar schlechten psychischen Zustand. Schon in Afghanistan, wo er eine Zeit lang für die Bundeswehr stationiert gewesen war, hatte er große Mühe bekundet, Ereignisse mit Todesfällen zu verkraften. Nicht zuletzt deshalb war er vorzeitig aus diesem Dienst abgezogen und nach Hause geschickt worden. Jetzt aber in der Heimat schon wieder Ziel eines Verrückten zu werden, gab ihm schwer zu denken. Bestimmt stand die Tötung seines Kollegen Mike und auch seine dabei erlittene Verletzung im Zusammenhang mit den von ihm und Mike begangenen Entführungen. Sein psychischer Zustand erforderte zwingend eine stationäre psychologische Betreuung. Er wurde deshalb in eine psychiatrische Klinik eingewiesen. Dort konnte ihn vorerst die Polizei nicht einvernehmen. Erst nach einigen Tagen durfte er erstmals von zwei Kriminalbeamten befragt werden.

Kurz nach dem Mord hatten Leute der Spurensicherung die Wohnung von Mike und Urs minuziös untersucht. Sie hatten DNA-Spuren und Fingerabdrücke genommen und nach weiteren Hinweisen gesucht. Das Resultat des DNA-Abgleichs mit den Spuren im Haus, wo der OB und Bettina Wettstein festgehalten worden waren, war klar: Es bestand Übereinstimmung. Aufgrund dieses Ergebnisses veranlasste der zuständige Richter für

Urs Untersuchungshaft. Urs blieb weiter in der Klinik, wurde aber dort in den Sicherheitstrakt verlegt. Die Ermittler konfrontierten Urs mit der positiven DNA-Abgleichung und warfen ihm vor, bei den Entführungen beteiligt gewesen zu sein.

Urs stritt die Taten ab und verlangte nach seinem Anwalt, nach Dr. Uwe Bach, der auch schon einmal für ihn und Mike tätig gewesen war. Diesen Wunsch konnten ihm die Ermittler nicht verwehren.

Dr. Bach fuhr am nächsten Morgen zur psychiatrischen Klinik und führte mit dem beschuldigten Urs ein langes Gespräch. Bach machte seinem Mandanten klar, er könne ihn nur dann verteidigen, wenn er ihm die volle und ganze Wahrheit anvertraue. Urs hatte Vertrauen in seinen Anwalt und berichtete ihm detailliert was vorgefallen war.

Urs räumte ein, bei beiden Entführungen, sowohl bei derjenigen des OB als auch bei der von Bettina Wettstein, beteiligt gewesen zu sein. Die OB-Entführung hätten er und Mike im Auftrag eines Anonymen durchgeführt. Dieser habe ihnen jeweils brieflich Weisungen erteilt. Sie hätten diese lediglich ausgeführt. Dann aber hätten Mike und er, nachdem die OB-Entführung ja geklappt hatte, die Idee gehabt, selbst eine Entführung durchzuführen. Zuerst hätten sie eigentlich Oberst Wettstein entführen wollen. Sie hätten dann aber gemerkt, dass dies nicht ganz so einfach gewesen wäre. Also hätten sie sich entschlossen, dessen Tochter Bettina zu kidnappen. Auf Wettstein seien sie gekommen, weil dieser zur gleichen Zeit in Afghanistan Dienst geleistet habe. Persönlich gekannt hätten sie ihn aber nicht. Urs betonte, dass sie beide Entführungsopfer gut behandelt hätten.

Der Anwalt wollte wissen, wo sich nun das Geld befinde. Urs erwähnte, dass sie vom Honorar aus der OB-Entführung, total hundertsechzigtausend Euro, fünfzigtausend zurückbehalten hätten, um davon anständig leben zu können. Dieses Geld befinde sich gut versteckt in ihrer Wohnung. Der Rest befinde sich in einem Bankschließfach bei der Bank Sonder. Das selbst erwirtschaftete Lösegeld von fünfhunderttausend Euro aus dem Falle Wettstein liege bei einer anderen Bank in einem Schließfach.

Interessant, aber doch auch etwas unglaubwürdig war für Bach die Aussage seines Klienten, sie hätten für die Entführung des OB von außen auf dem Postweg Anweisungen erhalten. Antworten ihrerseits hätten sie jeweils in konspirative Briefkästen werfen müssen. Rechtsanwalt Bach hatte Mühe, diese Aussage zu glauben. Schließlich nahm er das Mandat, Soldat Urs zu verteidigen, aber doch an und ließ sich von diesem die entsprechende

Vollmacht unterschreiben. Bach riet Urs, sich in den wesentlichen Punkten schuldig zu bekennen. Er meinte auch, er könne ja argumentieren, er sei von Mike regelrecht dazu angestachelt worden, bei diesen Straftaten mitzumachen. Das Gegenteil könne ihm, nachdem Mike ja tot sei, ohnehin niemand beweisen. In Bezug auf das Honorar für die Entführung des OB und das aus der Entführung von Bettina Wettstein resultierende Lösegeld meinte der schlaue Fuchs von einem Anwalt, man könne ja den kleineren Teil, das „OB-Honorar" zugeben und darauf pochen, die fünfhunderttausend Euro Lösegeld aus der Entführung der Wettstein Tochter habe der erschossene Mike in ein Bankfach gebracht, von dem er nicht wisse, wo sich dieses befinde. Allerdings müssten dabei Belege, welche zu den Bankschließfächern führen und in der Wohnung der Soldaten immer noch versteckt sind, auf die Seite geschafft werden. Ansonsten wäre es für die Ermittler einfach, das Geld zu finden. Mit diesem Hinweis dachte Bach nicht zuletzt an sein Honorar, das er gerne von Urs kassieren würde. Bach wies seinen Mandanten deutlich darauf hin, dass es sich hier um die Straftat des erpresserischen Menschenraubs handle, welche mit einer Freiheitsstrafe nicht unter fünf Jahren geahndet werde. Dazu komme, dass diese Tat gleich zweimal ausgeführt wurde, das erste Mal allerdings im Auftrag eines Dritten. Er riet Urs, sich einem psychiatrischen Gutachten nicht zu widersetzen. Mit einem solchen könnte ihm allenfalls eine verminderte Zurechnungsfähigkeit attestiert werden. Dadurch würde die zu erwartende Strafe bestimmt etwas milder ausfallen. Wenn die Verteidigungstaktik von Dr. Bach aufgehen sollte, müsste Urs wahrscheinlich mit einer Strafe von sieben Jahren Gefängnis rechnen.

Nachmittags führten die Ermittler die Einvernahme von Soldat Urs im Beisein seines Anwalts fort.

Nun gab Urs zu, bei beiden Entführungen dabei gewesen zu sein. Er beschwor aber, die erste Tat hätten Mike und er im Auftrag eines Dritten ausgeführt. Mit dem Auftraggeber hätten sie nur schriftlich verkehrt. Der anonyme Dritte hätte ihnen jeweils an ihre Adresse geschrieben. Meldungen von ihnen an den Anonymen hätten sie jeweils in geheime Briefkästen werfen müssen.

Die Ermittler wollten wissen, wo sich diese befanden.

Urs gab bereitwillig die entsprechenden Adressen bekannt. Auf vorheriges Anraten seines Anwalts fügte Urs hinzu, sie hätten die Entführten gut behandelt und dem OB sogar ein von ihm benötigtes Medikament besorgt.

Einem Ermittler kam diese Aussage in den falschen Hals. Er schrie Urs an: „Sie wissen aber schon, dass Ihr zweites Opfer, Bettina Wettstein, unter dem Vorgefallenen unendlich leidet und jede Nacht schweißgebadet aufwacht? Sie haben keine Ahnung, welchen Schaden Sie der jungen Frau mit ihrer Tat zugefügt haben."

Einige Kommissare wollten die Variante der Auftragsentführung nicht so recht glauben. Urs blieb aber bei dieser Darstellung und wies darauf hin, erst nach der ersten Entführung selbständig, das heißt auf eigene Rechnung gehandelt zu haben.

Das Verhör zog sich an diesem Tag bis in die Nacht hinein. Unter anderem wollte man von Urs auch wissen, ob sie denn nie versucht hätten, herauszufinden, wer der Anonyme sei.

Urs sagte: „Ja, das hatten wir schon ein paar Mal versucht, aber bei den betroffenen Adressen hat es sich meist um große Mehrfamilienhäuser oder sogar um Hochhäuser gehandelt. Der Menschenverkehr im Eingangsbereich, wo sich die Briefkästen befinden, ist dort immens."

Spät in der Nacht wurde Urs wieder in den Sicherheitstrakt der psychiatrischen Klinik gebracht.

Zwei Tage später nahmen Beamte des technischen Dienstes einen weiteren Augenschein in der Wohnung von Urs und Mike. Rechtsanwalt Bach durfte dabei zugegen sein. Er begründete seine Anwesenheit mit dem Argument, sich ein besseres Bild über seinen Mandanten, den noch lebenden Soldaten Urs, verschaffen zu können. Von seinem Klienten wusste Bach, wo das noch vorhandene Bargeld in der Wohnung versteckt war. Ferner wusste er auch, wo sich die Papiere für die Bankschließfächer befanden. Das Bargeld und die Vollmacht für den Banktresor mit dem kleineren Beuteanteil ließ er die Polizisten finden. Die Vollmacht für das Bankfach mit dem größeren Bestand, der Beute von fünfhunderttausend Euro aus der Entführung der Wettsteintochter, nahm er jedoch heimlich an sich. Die gestohlene Bankvollmacht versteckte er unter seinem Hemd und konnte sie so gut aus der Wohnung bringen.

In seiner Kanzlei legte er sie in den Tresor. Er dachte mit diesem Geld könne sein Honorar sichergestellt werden und Urs hätte dann, wenn er aus dem Gefängnis kommen würde, wenigstens eine gute finanzielle Starthilfe.

Nach dem Mörder von Soldat Mike wird intensiv gefahndet

Wer hatte Soldat Mike umgebracht? Vom Täter fehlte auch jetzt, eine Woche nach der Tat, noch immer jegliche Spur. Zwar hatte man in der Nähe der Wohnung von Urs und Mike an der Wiesentalstraße 10 umfangreiche Zeugenbefragungen durchgeführt, diese ergaben aber kein schlüssiges Bild. Den einen fiel dieser und den anderen jener Mann auf, der sich dort herumgetrieben haben soll. Die Zeugenaussagen halfen nicht weiter und Patronenhülsen hatte man ja auch keine gefunden.

Über eines war man sich bei der Polizei aber ziemlich sicher: Der Mörder von Mike musste entweder der Anonyme, von dem Urs immer sprach, selber sein oder ein Dritter, der vom Anonymen dazu beauftragt worden war. Das war eine sehr schwierige Ausgangslage, man hatte ja keine Ahnung, wer eben dieser Anonyme sein konnte.

Weitere Fingerabdrücke und DNA-Spuren aus dem Haus am Waldrand, wo die Entführungsopfer festgehalten worden waren, waren wohl zu finden, deren Auswertungen führten aber lediglich zu den Arbeitern des Bauamts, die auch in diesem Haus gewesen waren. Man hatte keine Ahnung, wer der Killer sein konnte und woher er gekommen war.

An der Hecke, von der aus er geschossen hatte, gab es einen Fußabdruck eines Schuhs, der auf die Größe sechsundvierzig schließen ließ. Das war aber alles, es war nicht einmal sicher, ob dieser Schuhabdruck auch wirklich vom Täter stammte. Das heißt, man war nicht einmal in der Lage, in der Fahndung ein Tätersignalement bekannt zu geben, geschweige denn ein Phantombild zu zeigen.

In der Verzweiflung suchte man nach Männern, die einmal eine solche Tat begangen hatten und zwischenzeitlich wieder auf freiem Fuß waren. Landesweit waren es derer zehn. Von denen lebten noch fünf in Deutschland. Die zuständigen Polizeibehörden arbeiteten nach und nach alle diese Männer ab. Aber auch dieser Aufwand blieb ohne Erfolg, keiner dieser Männer kam in Frage.

Nun entschied die Sonderkommission, mit einem Profiler zu arbeiten. Der Auftrag ging an einen gewissen Heiko Blumental. Dieser hatte der Polizei in anderen Bundesländern schon einige Male helfen, beziehungsweise wertvolle Anhaltspunkte vermitteln können.

Blumental machte sich an die Arbeit und stellte fest, dass man über den Täter so gut wie gar nichts wusste. Interessant war: Blumental schloss den Anonymen aus dem Täterfeld aus und ging davon aus, dass dieser einen Auftragskiller auf die Soldaten angesetzt hatte. Blumental meinte auch, der Anonyme sei viel zu intelligent, um eine solche Arbeit selbst zu erledigen. In seinem Täterprofil sprach er von einem Mann, der absolut gefühllos sei und für den ein Menschenleben lediglich eine Ware darstelle. Des Weiteren meinte er, es handle sich beim angeheuerten Berufskiller wahrscheinlich nicht um einen Ersttäter. Es sei sogar anzunehmen, dass dieser das Töten von Menschen als ganz normale Arbeit verstehe. Auf die Frage, ob dieser Mann auch aus dem Umfeld der Armee stammen könnte, antwortete Blumental, das könnte zwar sein, er betrachte dies aber als eher unwahrscheinlich. Und weiter kam Blumental aufgrund seiner psychologischen Kenntnisse zum Schluss, von der Äußerlichkeit her könnte es sich um einen groß gewachsenen Menschen handeln, der sich schon vom Blickfeld aus anderen überlegen fühle. Wo dieser Mann sich aufhalten könnte, wusste aber auch Blumental nicht zu beantworten. Er wies aber darauf hin, er könnte sich noch in der Stadt befinden und möglicherweise versuchen, von seinem Auftraggeber eine höhere Gage zu bekommen. Blumentals Arbeit war wertvoll, half aber vorläufig auch nicht groß weiter.

Torsten Mulander macht eine Risikoanalyse

Der schlaue Torsten, der die OB-Entführung quasi aus dem Hintergrund geleitet hatte, stellte fest, dass die Sache anfing, in eine Schieflage zu geraten. Killer Robert hatte nur einen, statt beide Soldaten umgebracht. Der Überlebende würde jetzt mit der Polizei zusammenspannen und alles, was er wusste, preisgeben. Wo lagen die Risiken, wo war er, Torsten, gefährdet? Er hatte sich nie an die Front begeben, sondern stets nur mit Briefen und Meldungen agiert. Keiner der Beteiligten kannte ihn. Die Untersuchungen seiner Briefe würde vielleicht die Marke des PCs, auf welchem sie geschrieben, und den Drucker, auf dem sie ausgedruckt worden waren, verraten, weiter aber nichts. Sein alter PC war nicht mit dem Internet verbunden. Und diese PC- und Druckermarken waren weit verbreitet. Die Briefe und Umschläge hatte er immer mit Handschuhen angefasst und er achtete auch darauf, keine DNA-Spuren zu hinterlassen. Und außerdem waren bei den Behörden weder seine Fingerabdrücke noch seine DNA registriert.

Und trotzdem, ein Unsicherheitsfaktor blieb übrig. Er hatte ja die konspirativen Briefkästen bedienen müssen. Hatte vielleicht einer der Adressaten ihm dort aufgelauert und ihn zu Gesicht bekommen, womöglich gar noch fotografiert? Das war aber doch etwas unwahrscheinlich. Die Adressaten wussten ja nicht, wann er jeweils die Briefkästen bedienen würde. Und es war nicht anzunehmen, dass einer von denen vierundzwanzig Stunden lang auf ihn gelauert haben könnte. Im Übrigen waren die Briefkästen fast immer in Hauseingängen von Mehrfamilien- und Hochhäusern gewesen, wo ohnehin ein Kommen und Gehen zur Tagesordnung gehörte.

Eines kam ihm noch in den Sinn: Waren vielleicht bei den neueren Häusern Kameras installiert, die den Eingangsbereich überwachten? Er stellte fest, bei einer Liegenschaft war dies der Fall. Seine Abklärungen ergaben jedoch, dass die Aufzeichnungen dieser Kameras jeweils bereits nach vierundzwanzig Stunden wieder gelöscht wurden. Also bestand auch von dieser Seite her keine Gefahr.

Ferner fiel Torsten ein, dass er sich bei seinem Anwaltskollegen Dr. Bach nach den Soldaten, der diese seinerzeit und auch jetzt wieder vertrat, erkundigt hatte. Könnte Bach Verdacht schöpfen? Wohl kaum. Sie sprachen ja oft über Fälle aus der Praxis, natürlich immer unter dem Siegel der anwaltlichen Schweigepflicht. Dass man ihm auf die Spur kommen könnte, war nach dieser ersten Risikoanalyse eher unwahrscheinlich.

Ein weiteres Risiko konnte Stadtrat Simmerling darstellen. Was, wenn jemand Fragen stellen würde, weshalb dieser in der letzten Zeit seine Schulden regelmäßig abbezahlte? Was, wenn Simmerling von der Polizei gefragt würde, woher er das Geld dafür habe? Diese Frage könnte Simmerling wohl kaum schlüssig beantworten. Sie könnte ihn in Bedrängnis bringen. Im Nachhinein noch eine Abwehrstrategie aufzubauen, zum Beispiel zu behaupten, das Geld stamme aus Casinogewinnen, würde auch nichts nutzen. Man würde dann die Tage, in denen er in den Casinos gewesen sein sollte, überprüfen und feststellen, dass er sich gar nie in einem solchen aufgehalten hatte. Hier, bei Simmerling, bestünde ein gewisses Risiko. Aber wer sollte den tüchtigen Stadtrat Simmerling schon verdächtigen?

Ein weiteres Risiko konnte auch Viktor sein, der Mann, der in Amsterdam für ihn Killer Robert angeheuert hatte. Aber auch mit diesem verhandelte er nur über den Korrespondenzweg. Viktor kannte den Killer persönlich. Er hatte ihn gesehen, wusste von diesem aber nur, dass er sich Robert nannte. Er wusste nicht, wo er wohnte und wie sein Nachname lautete. Viktor konnte nicht gefährlich werden.

Und Killer Robert, konnte er ihm Probleme bereiten? Auch hier gab es nirgends eine direkte

Verbindung. Weder der eingesetzte Vermittler, Viktor, noch der Killer selbst kannten ihn. Im schlimmsten Falle hätte ihn der Killer beim Hauseingang an der Rasalzerstraße 45 beobachtet haben können. Aber auch das war unwahrscheinlich. Denn immer wenn Torsten die Briefkästen kontrolliert hatte, hatte er so nahe vor diesen gestanden, dass jemand, der ihn beobachtete hätte, nicht hätte sehen können, welchen Briefkasten er gerade bediente. Und als weiteren Sicherungsschritt hatte sich Torsten jeweils umgehend in das Haus begeben und war erst später wieder aus diesem herausgekommen. Ein möglicher Beobachter hätte daraus schließen müssen, er wohne in diesem Haus.

Der Killer wird gefasst und entkommt dann wieder

Die Ermittlungen bei der Sonderkommission liefen auf Hochtouren. Die Ermordung eines der beiden Soldaten beschleunigte die Polizeiarbeit immens. Die Öffentlichkeit wollte Ergebnisse sehen und die Politik machte energisch Druck. Nun hatte man es nicht nur mit Entführungen und Erpressungen, sondern auch noch mit einem Tötungsdelikt zu tun.

Killer Robert trat indes, nachdem er verstanden hatte, dass er den Rest seines Honorars nicht mehr würde kassieren können, die Heimreise nach Amsterdam an. Dazu nutze er einen Intercity-Zug der Deutschen Bahn. Sein Handgepäck und auch den länglichen Golfsack, aus dem Material eines Schottenrocks gefertigt, legte er auf die Gepäckablage gleich über seinem Sitz.

Normalerweise gab es bei der niederländischen Grenzstation Venlo keine Kontrollen mehr. Doch dieses Mal ging eine Polizeipatrouille durch den Zug und schaute in alle Abteile.

Die Grenzpolizisten fragten Robert zuerst nach seinem Ausweis. Aus diesem ging hervor, dass er Robert Vesters hieß. Dann wollten die Polizisten das Gepäck kontrollieren und baten Robert, die Reisetasche und den Golfsack zu öffnen.

Robert behauptete nur die Reisetasche würde ihm gehören, der Golfsack aber nicht.

Die Polizisten schauten in die Reisetasche und nahmen dann auch den Golfsack von der Gepäckablage. Sie staunten nicht schlecht, als sie im Golfsack keine Golferutensilien, sondern ein Gewehr samt Zielfernrohr, Schalldämpfer und Nachtsichtgerät vorfanden.

Robert betonte nochmals, der Golfsack würde nicht ihm gehören.

Aber er hatte Pech, eine Mitreisende sagte den Polizisten, sie hätte gesehen, wie dieser Mann mit dem Golfsack und der Reisetasche in den Zug gestiegen sei. Noch im Zugsabteil wurde Robert in Handschellen gelegt.

Die Polizisten führten ihn auf den Grenzpolizeiposten. Dort befragten sie ihn intensiv, warum er ein Gewehr, getarnt in einem Golfsack, mit sich führe.

Etwas plump log Robert nochmals, der Golfsack mit dem Gewehr, inklusive Zubehör gehöre nicht ihm, lediglich die Reisetasche sei sein Eigentum.

Dies nahmen ihm die Polizisten aber nicht ab. Er wurde der Kriminalpolizei am gleichen Ort übergeben. Diese nahmen Roberts Fingerabdrücke und seine DNA und stellten relativ schnell fest, dass er das Gewehr in seinen Händen gehalten hatte. Man hatte auch gehört, dass in der großen, südlich gelegenen deutschen Stadt ein Mann erschossen worden war und man nach dem Täter fahnde. In der Fahndungsmeldung hieß es auch, das Delikt sei mit einem Gewehr verübt worden.

Robert wurde auf diese Tat angesprochen, leugnete aber, irgendetwas damit zu tun zu haben.

Noch in der gleichen Nacht wurde Robert an die Sonderkommission der großen Stadt überstellt.

Am anderen Tag begannen die Spezialisten mit dem Verhör von Robert. Im Verlaufe des Nachmittags lag auch bereits das ballistische Gutachten vor. Es ergab, dass Soldat Mike von einer Kugel aus dem Gewehr von Robert getötet worden war.

Die Beamten führten Robert dem Untersuchungsrichter vor. Dieser entschied, Robert in Untersuchungshaft zu nehmen. Auch während der weiteren Befragungen leugnete Robert, auf die Soldaten geschossen zu haben. Die Beweislast war aber mittlerweile erdrückend geworden.

Der überlebende Soldat Urs konnte Robert über eine nur einseitig durchsichtige Scheibe betrachten. Urs kannte den Mann, der auf ihn und Mike geschossen haben soll, nicht.

Erst nach drei Wochen U-Haft zeigte sich Robert gesprächsfreudiger. Er gab zu, die Schüsse auf die Soldaten abgegeben zu haben. Er erklärte, die beiden Opfer nicht persönlich gekannt zu haben. Er habe im Auftrag eines Dritten, eines Anonymen, gehandelt. Gemäß diesem hätte er beide Soldaten töten sollen. Einen von ihnen habe er aber nicht tödlich getroffen. Seine Aussage belegte er mit dem schriftlichen Auftrag des Anonymen. Auch Robert erzählte vom Briefkasten an der Rasalzersstraße 45, über den der Kontakt mit dem Auftragegeber gelaufen sei. Was Robert jedoch verschwieg war, wie er an den Auftrag gekommen war: Von Viktor, der ihn in Amsterdam aufgesucht hatte, erzählte er der Polizei nichts.

Nun stellten die Ermittler eine Parallele zu den Entführungen fest: Auch bei der Entführung des OB behauptete der gefasste Täter, Soldat Urs, sie hätten den Auftrag via Post erhalten. Auch diese ganze Kommunikation sei immer über verschiedene Briefkästen gelaufen. Aufgrund der bisherigen Ermittlungsergebnisse schienen die beiden Fälle, die Entführungen und die Erschießung von Soldat Mike, in einem direkten Zusammenhang zu stehen.

Soldat Urs gab bei den weiteren Verhören alles, was er wusste, ohne Umschweife zu. Auch erzählte er, dass einmal während der OB-Entführung mit einem Mann Funkkontakt bestanden habe. Dieses Funkgerät habe er noch. Die Polizei versuchte nun herauszufinden, wo das andere sein konnte und wo beide Geräte gekauft worden waren. Aber auch diese Ermittlungen verliefen im Sand.

Die Entführungen konnten somit teils aufgeklärt werden. Sie wurden von den Soldaten Mike und Urs begangen. Wer aber die erste, die OB-Entführung, angeordnet hatte, wusste man noch immer nicht. Auch wo die Lösegelder geblieben waren, stand noch nicht fest. Nach diesen suchte man noch immer. Ferner war der Killer, der Soldat Mike erschossen und Soldat Urs angeschossen hatte, gefasst worden. Die große Knacknuss war aber nach wie vor, wer hinter der OB-Entführung steckte und wer Robert, dem Killer, den Auftrag zur Eliminierung der beiden Soldaten erteilt hatte. Es gab nirgendwo einen brauchbaren Hinweis auf den Anonymen. Insgeheim zollten ihm nicht wenige Polizisten eine gewisse Anerkennung, war es diesem doch gelungen, im Hintergrund zu bleiben.

Die Ermittlungsbehörden stellten den Kontakt mit den Niederlanden her und holten in Amsterdam Auskünfte über Robert ein. Konkret wurde die Amsterdamer Polizei gefragt, ob dort ungeklärte Tötungsdelikte, die mit einem Gewehr verübt worden waren, vorlägen. Es hatte in den letzten drei Jahren vier solche Taten gegeben, zwei in Amsterdam selbst und zwei weitere in der näheren Umgebung. Davon waren zwei bereits aufgeklärt. Interessant war: Über Robert lag nichts Negatives vor. Er war in Holland ein unbeschriebenes Blatt und arbeitete in der Logistik eines großen Transportunternehmens.

Es wurde nun untersucht, ob zwischen dem Tötungsdelikt an Soldat Mike und den noch nicht aufgeklärten Taten in Holland Verbindungen bestanden.

Dann geschah etwas Unerwartetes, etwas, das nicht hätte passieren dürfen. Robert dem Killer gelang es bei einer weiteren Befragung, mit einem kühnen Sprung aus dem Büro des Untersuchungsrichters zu flüchten. Obwohl alle Register gezogen wurden, um den Flüchtigen schnell wieder dingfest zu machen, blieb Killer Robert vorläufig wie vom Erdboden verschluckt.

Beim Sprung aus dem Fenster hatte sich Robert leicht an einem Fuß verletzt. Nun war er zwar frei, aber er hatte weder Geld, Handy noch die passenden Kleider bei sich. Er musste sich schnell und hinkend vom Ort seiner Flucht entfernen.

Zum Glück kannte er in der Stadt eine Frau, die ihm einmal sehr zugetan war. Er wusste, diese hatte damals an der Heinenbergstraße 38 gewohnt. Diese Frau, sie hieß Jolanda, würde ihn bestimmt aufnehmen und mit Geld, Essen und Kleidern versorgen.

Als die Dunkelheit einbrach, gelang es Robert, sich zu dieser Adresse durchzuschlagen. Gegen etwa zehn Uhr läutete er beim Namensschildchen mit der Aufschrift *Jolanda Kupferdach*.

Über die Lautsprecheranlage fragte Jolanda, wer so spät noch Einlass begehre.

Robert erwiderte: „Ich bin es, Robert, du musst mir helfen, ich stecke in großen Schwierigkeiten."

Jolanda Kupferdach drückte den Knopf für die Türöffnung und Robert fuhr mit dem Fahrstuhl zu ihrer Wohnung im sechsten Stock.

Jolanda fragte ihn: „Was ist passiert, dass du mich aufsuchst, zu so später Stunde? Du kommst doch nur, weil du dich verstecken muss, sonst lässt du ja nie etwas von dir hören."

Robert gab unumwunden zu, dass er vor einigen Tagen verhaftet worden und heute Vormittag aus dem Büro des Untersuchungsrichters geflüchtet sei. Was er angestellt hatte verriet er Jolanda aber nicht. Er wollte sie nicht noch mehr ängstigen.

Jolanda spielte die barmherzige Samariterin und legte als Erstes einen Umschlag um seinen geschwollenen Fuß. Sie gab ihm zu Essen und zu Trinken und gewährte ihm vorläufig einmal Unterschlupf.

Am anderen Tag rief sie ihren Arbeitgeber an und meldete sich bei diesem krank. Sie kaufte für Robert Hosen, eine Jacke und Schuhe. So beladen kehrte sie wieder in ihre Wohnung zurück.

Robert bedankte sich für ihre Fürsorge und versprach ihr, alles zurückzuzahlen.

Nun aber ging es noch um Bares. Das Geld, das er bei seiner Verhaftung in Venlo bei sich getragen hatte, war ihm von den Beamten abgenommen worden. Jetzt musste er Jolanda auch noch um Geld anbetteln. Sie händigte ihm tausend Euro in kleinen Scheinen aus. Irgendwie liebte sie ihn eben immer noch ein wenig.

Ihre Gastfreundschaft durfte er noch zwei weitere Tage genießen. In dieser Zeit veränderte er sein Aussehen. Er ließ den Bart wachsen und kämmte sich auf eine andere Art.

Von einer Telefonzelle aus gelang es ihm, sich mit einem Kollegen aus Amsterdam in Verbindung zu setzen. Diesen bat er, ihn in der großen deutschen Stadt mit dem Auto abzuholen.

Kajan, der Kollege aus dem Amsterdamer Verbrechermilieu, berichtete Robert, sein Konterfei sei auch in allen holländischen Zeitungen und auch im Fernsehen veröffentlicht worden. Man suche intensiv nach ihm. Kajan riet Robert, noch nicht nach Amsterdam zurückzukehren. Zuerst müsse etwas Gras über diese Sache wachsen und seine Wohnung werde ohnehin überwacht.

Robert bat Jolanda, noch etwas länger bleiben zu dürfen. Er durfte. Sie mochte ihn noch immer und es gefiel ihr, ihn bei sich zu Hause zu haben. Sie kochte für ihn und hielt ihn auch anderweitig bei Laune.

Robert nutzte die Zeit, wenn Jolanda bei der Arbeit war. Er versuchte, trotz hohem Risiko aufzufliegen, erneut herauszubringen, wer Viktor, der ihm diesen Auftrag eingebrockt hatte, war und wer der Mann hinter Viktor sein konnte. Das war aber keine leichte Aufgabe. Noch einmal ging er an die Rasalzerstraße 45 und suchte nach dem Briefkasten M. Illiar. Doch dieser war weg, es gab ihn einfach nicht mehr. Einen anderen Anhaltspunkt hatte er nicht.

Nun begab er sich in Kneipen, in denen schräge Vögel immer wieder gerne verkehren. Aber auch dort sah er keinen Viktor und konnte keine Person ausmachen, die ihm hätte weiterhelfen können.

In einer dieser Kneipen beleidigte und verspottete ihn ein angetrunkener Gast, weil er holländisch sprach. Dies ließ sich Robert der Hüne nicht gefallen. Unsanft schlug er den verbalen Angreifer an eine Wand. Mit dieser Aktion verschaffte er sich

Respekt und Achtung in der verrufenen Kneipe. Keiner getraute sich mehr, den großen Holländer anzumachen. Im Gegenteil, ein anderer schräger Vogel offerierte ihm ein Bier. Aber auch das Gespräch mit dieser Figur brachte Robert nicht weiter. Er hatte nach wie vor keine Ahnung, wo man Viktor oder gar den Anonymen finden konnte.

Erschwerend kam für ihn dazu, dass er steckbrieflich gesucht wurde. Er musste aufpassen, dass ihn niemand erkannte und dass er keiner Polizeistreife in die Hände lief. Schließlich versteckte er sich weiter in der Wohnung von Jolanda.

Robert wusste wohl, das konnte keine dauerhafte Situation sein. Jolanda sorgte zwar für ihn und es machte den Eindruck, als ob Jolandas ehemalige Zuneigung wieder aufflammen würde. Aber das Risiko, dass Jolanda ihren Kolleginnen von ihrem „Glück" erzählen könnte, war nicht gebannt, sondern nahm von Tag zu Tag zu. Er musste diesen Unterschlupf verlassen. Aber wie?

Er brauchte vor allem Geld. Sein Konto, auf dem Bares vorhanden war, war bereits gesperrt. Dies bemerkte er, als er versuchte, bei einem Bankomaten Geld abzuheben. Seine EC-Karte wurde bereits beim ersten Versuch vom Automaten eingezogen. Das war schlecht, denn so konnte festgestellt werden, in welchem geographischen Raum er sich derzeit aufhielt. Jolanda weiter um Geld angehen mochte er nicht.

In dieser schwierigen Lage entschloss er sich, Geld durch einen Überfall zu besorgen. Dazu brauchte er aber eine Faustfeuerwaffe.

Schon am nächsten Morgen begab er sich zu einem ominösen Waffenhändler in der Bahnhofsgegend. Von diesem wusste er von einem früheren Bekannten, der sich auch einmal illegal eine Waffe besorgen musste. Der Waffenhändler fragte zwar nach einem Waffenschein, händigte ihm dann aber doch ohne dieses Papier eine gebrauchte Pistole und dazu passende Munition aus. Dafür gab Robert noch sein letztes Geld aus. Es wurde Zeit, sich neues zu beschaffen.

Mit Pistole und Munition ausgerüstet schlenderte er durch die Gegend. Zwei Spielsalons fielen ihm auf. Er dachte, es müsste doch einfach sein, einen solchen Salon zu überfallen. Aber wie viel Geld war dort in der Kasse? Er brauchte möglichst viel.

Nach weiteren drei Tagen schritt er eines Nachts zur Tat. Er erzählte Jolanda, er müsse noch schnell nach draußen, um etwas zu erledigen.

So gegen Mitternacht betrat er mit einem Schal maskiert den ersten Spielsalon. Die Angestellte überlegte nicht lange, als sie in den Lauf der Pistole blickte und händigte ihm sofort das vorhandene Bargeld aus. Die Spieler im Salon nahmen vom Überfall Kenntnis, keiner stellte sich aber dem Hünen in den Weg. Robert war froh, dass er etwas Bargeld beschaffen konnte. Zu Hause, wieder bei Jolanda, versteckte er das Geld.

Als sie am anderen Morgen wieder zur Arbeit gegangen war, zählte er seine Errungenschaft und kam auf den doch ansehnlichen Betrag von rund fünftausend Euro. Jolanda hatte nicht bemerkt, dass ihr geliebter Robert in der letzten Nacht einen Spielsalon überfallen hatte. Zwei Tage später verließ er Jolandas Wohnung wieder in der Nacht und begab sich zu einem anderen Spielsalon, den er tags zuvor ausspioniert hatte.

Gegen Mitternacht betrat er diesen maskiert und mit der Pistole in der Hand. Auch dieser Salonmitarbeiter zögerte nicht lange und gab dem Räuber alles Geld, das sich in der Kasse befand. Hier war jedoch ein mutiger Spieler anwesend. Er versuchte Robert beim Verlassen des Salons zu stoppen. Dies gelang ihm auch kurz. Gegen den Hünen hatte der mutige Spieler aber schon rein körperlich keine Chance. Robert schlug ihn zu Boden und entwendete ihm dann auch noch die Brieftasche.

Gleich wie schon beim ersten Überfall zählte er am nächsten Morgen, als Jolanda die Wohnung verlassen hatte, das erbeutete Geld. Es waren knapp viertausend Euro. In der Brieftasche des

Mannes, der sich ihm im Salon entgegengestellt hatte, waren nochmals eintausenddreihundert. Immerhin war es Robert so gelungen, einen gewissen Bargeldbestand anzusammeln.

Dennoch war er mit sich selber nicht zufrieden. Was war aus ihm, dem gefürchteten Auftragskiller, geworden? Musste er seine Brötchen nun tatsächlich mit kleinen Überfällen auf Spielsalons verdienen? Noch mehr ärgerte ihn der Umstand, seinen Auftraggeber, den Anonymen, nicht ausfindig machen zu können.

Robert überlegte, wie er zu seinem Kumpel Kajan Huger nach Holland gelangen konnte.

Am nächsten Tag rief er diesen wieder von einer Telefonzelle aus an und bat erneut, ihn in der großen deutschen Stadt abzuholen. Er müsse nun sein Versteck verlassen, es sei nicht mehr sicher, erzählte er. Ferner wollte Robert in Holland erstmal bei Kajan wohnen.

Das wiederum passte Kajan nicht, es war ihm einfach zu gefährlich. Schließlich aber ließ er sich doch von Robert überreden, ihn mit dem Auto in Deutschland abzuholen und nach Holland zu fahren.

Robert wusste, dass es sich dabei um eine risikoreiche Fahrt handeln würde. Man könnte ja in eine Polizei- oder aber in eine Grenzkontrolle geraten.

Also dachte er sich, es wäre am besten, die Grenze an einem nicht dicht befahrenen Nebenübergang zu passieren. Er fand auch einen solchen ganz in der Nähe von Venlo, wo er im Zug den Häschern in die Arme gelaufen war.

Robert machte Jolanda klar, dass er sie nun verlassen musste. Diese war traurig und bat ihn, baldmöglichst wiederzukommen.

Kajan, Roberts Kumpel aus dem Verbrechermilieu, reiste an einem Samstagabend in die große, deutsche Stadt, übernachtete in einer Pension und wartete dann wie abgemacht am Sonntagmorgen, um zehn Uhr, an der vereinbarten Straße auf Robert.

Dieser erschien und erläuterte seinem Kumpel den Plan, um unbehelligt über die deutsch-holländische Grenze zu kommen.

Sie fuhren los. Killer Robert berichtete Kajan unterwegs wahrheitsgetreu, was alles passiert war. Kajan wusste, dass es sich bei seinem Kollegen um einen Killer handelte. Sie verstanden sich aber schon seit Jahren recht gut und unterstützten sich bei kleineren und auch größeren Gaunereien. Beide hatten zwar bürgerliche Berufe. Diese übten sie aber mehr als Alibi und nicht als echten Broterwerb aus. Das Fachgebiet von Kajan war meist im Betrugsbereich angesiedelt. Gelegentlich unternahm er auch gewagte Einbrüche in teure

Bijouterien. Er kannte auch viele Hehler, bei denen er jeweils die geraubten Utensilien verhökern konnte.

So gegen Mittag erreichten sie den unbewachten, von Kajan eingeplanten, etwas abgelegenen Grenzübergang. Kein Mensch war zu sehen. Man konnte die Grenze einfach passieren. Als sie sich bereits auf holländischem Territorium befanden, schauten sie, ob ihnen nicht ein Fahrzeug der mobilen Grenzkontrolle folgte. Dies war zum Glück nicht der Fall. Man entschloss sich, auch weiterhin nicht auf die Autobahn zu fahren, sondern Land- und Nebenstraßen zu nutzen. Man betrachtete das Risiko, auf Landstraßen ungehindert voran zu kommen, als kleiner als dasjenige auf der Autobahn.

Mittlerweile waren beide einigermaßen gut gelaunt, man hatte den neuralgischen Punkt, die Grenze, hinter sich. In einem kleinen Städtchen missachteten sie, weil sie Hunger hatten, die Vorsichtsmaßnahmen. Sie gingen in eine Gaststätte und verpflegten sich in dieser. Robert und auch Kajan waren sich sicher, von niemandem erkannt worden zu sein. So dachten sie zumindest.

Einige Zeit später setzten sie die Fahrt fort, wieder auf Landstraßen. Gerade als sie in einer größeren Ortschaft auf die Hauptstraße einbogen, sahen sie zirka hundertfünfzig Meter weiter vorne eine

Polizeikontrolle. Die Straße war mit Hindernissen verengt und gleich drei Streifenwagen standen davor.

Robert erschrak, war das jetzt schon das Ende, war seine Flucht schon vorbei? Er bat Kajan, sofort in eine Seitenstraße abzubiegen.

Aber das half nichts, dieser Entscheid kam zu spät. Die Polizisten beobachteten das Fluchtmanöver und nahmen sofort mit einem Wagen die Verfolgung auf.

Kajan drückte zwar auf das Gas, vermochte aber das Polizeifahrzeug nicht abzuhängen. Und schon kam ihnen auch aus der Gegenrichtung ein weiteres Polizeifahrzeug entgegen. Kajan musste auf die Bremse und notgedrungen anhalten.

Robert entsicherte seine Pistole, stieg aus dem Auto und gab sofort in Richtung der Polizisten zwei Schüsse ab. Diese erwiderten das Feuer und eilten Robert nach.

In seiner Verzweiflung rannte der Killer in den Eingang eines Mehrfamilienhauses, die Polizisten hinterher. Als gerade zur gleichen Zeit eine Frau aus einer Wohnung kam, nahm Robert diese als Geisel und hielt ihr die Pistole an die Schläfe. Er verlangte von den Polizisten, die Waffen abzulegen und ihm freies Geleit zu gewähren.

Die Polizisten aus dem zweiten Streifenwagen sahen, dass am Hauseingang die Sache eskalierte und alarmierten sofort ein Sondereinsatzkommando. Dieses traf bereits nach fünfzehn Minuten ein.

Der Einsatzleiter wies nach einer kurzen Lagebeurteilung seinen Männern die Plätze zu. Die beiden Polizisten im Inneren, die die Waffen abgelegt hatten, versuchten Robert zum Aufgeben zu bewegen. Ein Scharfschütze hatte mittlerweile durch ein kleines Fenster freie Sicht auf den Täter und auf die Geisel. Dies meldete er via Funk dem Einsatzleiter.

Robert wurde nervös und verlangte, dass man ihn sofort zusammen mit der Geisel durchlasse und ihm ein Auto zur Verfügung stelle. Nun versuchten auch herbeigeeilte Kriminalbeamte mit einem Megaphon von außen Robert zum Aufgeben zu bewegen.

Dieser aber wollte nicht und drohte, seine Geisel bei Nichterfüllung seiner Forderung zu erschießen.

Man wusste beim SEK mittlerweile, wen man vor sich hatte: Robert den Killer. Weil die Gefahr bestand, Robert würde seine Drohung wirklich wahrmachen, gab der Einsatzleiter dem Schützen, der Täter und Geisel im Fadenkreuz hatte, den Befehl zum finalen Rettungsschuss. Der Schuss fiel, Glas klirrte und der Killer sank von einem Kopfschuss getroffen auf den Boden. Die Geisel war frei und der Killer tot.

Kajan, der Fahrer und Kumpel von Robert, ließ sich von den Polizisten ohne Gegenwehr festnehmen.

Soldat Urs wechselt seinen Verteidiger aus

Seit einem halben Jahr war Torstener nun nicht mehr für die Bank Karlen tätig. Mittlerweile arbeitete er in der Kanzlei seines Vaters und hatte dort bereits erste Mandate übernehmen dürfen. Vater Jürgen Mulander und sein Sohn Torsten arbeiteten sehr gut zusammen. Der Senior freute sich, dass sein Junior nun doch bei ihm eingestiegen war. Torsten verdiente zwar etwas weniger als in der Bank, dafür war aber seine Arbeit um einiges interessanter geworden.

An einem regnerischen Februarvormittag erhielt Torsten von seinem Kollegen, Dr. iur. Heino Bach, einen Anruf. Dieser bat Torsten um ein Treffen. Sie verabredeten sich in einem vornehmen Lokal, wo Juristen aller Schattierungen sowie Richter und andere Leute der Rechtspflege ein- und ausgingen. Torsten traf Bach einige Tage später.

Schon kurz nach der Vorspeise begann Bach zu berichten: „Torsten, magst du dich noch erinnern, wie ich dir vor einiger Zeit von den beiden Soldaten Mike und Urs erzählt und dir mitgeteilt hatte, dass ich diese beiden schon wegen ein paar kleineren Straftaten vor Gericht vertreten durfte? Weißt du, dass diese beiden die Entführung des OB und auch diejenige von der Wettsteintochter durchgeführt haben? Du hast sicherlich gehört, dass einer der Entführer erschossen wurde. Der Andere, Urs, sitzt in U-Haft. Ich habe seine Verteidigung übernommen. Ich habe aber nun zwei Probleme. Für das eine kann ich nichts, das zweite habe ich mir aber selber eingebrockt: Mein Mandat, der überlebende Soldat Urs, behauptet, die OB-Entführung hätten sie im Auftrag eines Dritten, eines Anonymen, durchgeführt. Dieser habe ihnen jeweils brieflich Weisungen erteilt. Ihre Antworten hätten sie dann immer in wechselnde, konspirative Briefkästen legen müssen. Das Honorar für die OB-Entführung, das sie auch erhalten hätten, sei größtenteils in ein Schließfach bei der Bank Sonder gebracht worden. Das zweite Problem steht im Zusammenhang mit dem Lösegeld aus der Wettsteinentführung. Diese fünfhunderttausend Euro hätten Mike und Urs in einem Schließfach bei einer anderen Bank versteckt. Ich habe Urs geraten, das Versteck dieser Beute nicht preiszugeben, sondern zu argumentieren, der tote Mike habe das Geld irgendwo versteckt und er, Urs, wüsste nicht, wo. Ich habe dieses Geld bereits aus dem Schließfach der Bank geholt und in meinen Tresor gelegt. Ich weiß, das hätte ich nicht tun dürfen. Ich hätte korrekterweise meinem Mandanten raten sollen, die Geldverstecke schonungslos offenzulegen.“

Torsten hörte Heino Bach aufmerksam zu und verzog dabei keine Miene. Er wusste ja, wer der Anonyme war, wer den Soldaten den Auftrag zur OB-Entführung erteilt und wer den Killer engagiert hatte. Er fragte Heino: „Wo liegt nun der Grund, dass du mir diese Geschichte so ausführlich erzählst?“

Heino Bach antwortete: „Das erste Problem: Ich glaube meinem Mandanten die Version der Auftragsentführung immer noch nicht. Sie scheint mir irgendwie dubios und unrealistisch. Das zweite Problem, wie ich dir schon sagte, ist: Ich habe Urs falsch beraten, indem ich das Lösegeld aus der zweiten Entführung für ihn auf die Seite gelegt habe. Torsten, ich frage dich, würdest du dieses Mandat an meiner Stelle weiterführen und die Sache mit dem Wettsteinlösegeld wieder in Ordnung bringen? Dieses Mandat wäre für dich und die Kanzlei deines berühmten Vaters bestimmt mit einem gewissen Prestige verbunden.“

Das hatte Torsten nicht erwartet. Nun sollte ausgerechnet er den überlebenden Soldaten, dem er seinerzeit den Entführungsauftrag erteilt hatte, verteidigen. Irgendwie war für ihn diese Sache aber durchaus reizvoll. So würde er aus erster Hand immer wieder mit den neuesten Ermittlungsergebnissen der Behörden vertraut gemacht werden. Torsten sagte zu Bach: „Ich will mir diese

Sache überlegen, bist du damit einverstanden, wenn ich vorerst darüber noch mit meinem Vater spreche und seine Meinung einhole? Du hörst dann wieder von mir.“

Schon am nächsten Tag sprach Torsten mit seinem Vater und erzählte ihm, er könnte die Verteidigung von Soldat Urs, der in die Entführungsfälle vom OB und Bettina Wettstein verwickelt sei, übernehmen.

Jürgen fragte seinen Sohn, wie er dann zu dieser Ehre gekommen sei.

Torsten berichtete seinem Vater, Anwalt Heino Bach habe das Mandat innegehabt und wolle es, weil er einen Fehler gemacht habe, abgeben.

Mulander sen. ließ sich für seine Antwort Zeit. Zwei Tage später ließ er seinen Sohn wissen, er sei einverstanden. Ein solches Mandat sei für die Anwaltskanzlei Mulander von Bedeutung und würde diese noch bekannter machen.

Wieder einige Tage später besuchten Torsten und Heino Bach den Soldaten Urs in der Klinik.

Bach eröffnete Urs, er wolle die Verteidigung niederlegen und empfahl ihm, das Mandat in die Hände von Dr. iur. Torsten Mulander zu legen.

Urs, der nach dem Erlebten in Afghanistan und dem Tod seines Kumpels Mike sehr stark angeschlagen war, begriff nicht so richtig, um was es ging. Schließlich war er aber mit der Anwaltsmutation einverstanden.

Torsten berichtete seinem Vater, er habe das Entführungsmandat erhalten. Jürgen Mulander riet seinem Sohn, Urs unbedingt darauf hinzuweisen, die volle und uneingeschränkte Wahrheit zu sagen. Ferner müsse das bei Anwalt Bach gebunkerte Lösegeld von fünfhunderttausend Euro schnellstens den Behörden übergeben werden.

Eine Woche später hatte Torsten ein anwaltliches Gespräch mit seinem neuen Mandanten Urs. Auch dieses fand wieder in der Klinik statt.

Als Erstes stellte Torsten fest, dass sein Mandat wirklich ernsthaft psychisch angeschlagen war. Dies bestätigten ihm auch die Ärzte der Klinik. Es stellte sich die Frage, war Urs zurzeit der Taten noch handlungsfähig gewesen? Nach weiteren Untersuchungen kam man zu dem Schluss, für Urs eine gesetzliche Betreuung zu beantragen. Kurz darauf erging vom zuständigen Gericht die Anordnung, Urs einer solchen zu unterstellen. Als Betreuerin wurde eine entsprechend geschulte Fachperson bestimmt. Die Betreuung übernahm Frau Dr. Inge Schwertzer. Diese Entwicklung konnte Torsten Mulander nur recht sein – konnte er doch so relativ einfach eine Verteidigungsstrategie, die auf einer stark verminderten Zurechnungsfähigkeit seines Mandanten basierte, aufbauen.

Torsten führte im Beisein von Frau Dr. Schwertzer ein weiteres Gespräch mit Soldat Urs. Auch dieses fand in der Klinik statt. Torsten belehrte Urs, dass das Lösegeld, das die Familie Wettstein für die Freilassung ihrer Tochter Bettina bezahlt hatte, unbedingt den Behörden übergeben werden müsse. Er werde für ihn diese Sache erledigen. Torsten argumentierte, dadurch werde sich das zu erwartende Strafmaß verringern.

Urs stimmte mit Widerwillen diesem Vorgehen zu.

Torsten wollte nun von seinem Mandanten wissen, wer denn der Auftraggeber für die OB-Entführung gewesen sei.

Urs sagte, wie er es auch der Polizei schon geschildert hatte, er und Mike seien angeschrieben worden und der Kontakt zum Auftraggeber hätte über verschiedene konspirative Briefkästen stattgefunden. Gleich wie die Polizei fragte auch Torsten, ob sie nie versucht hätten, bei den Briefkästen den Auftraggeber zu Gesicht zu bekommen.

Urs erzählte wahrheitsgemäß, sie hätten es ein paar Mal versucht, hätten den Anonymen aber nie gesehen.

Torsten, der Kopf der OB-Entführung, klopfte sich innerlich auf die Schultern und dachte: *Ich habe die Sache mit den Briefkästen offenbar erfolgreich aufgebaut und dann auch betrieben.*

Torsten fragte Urs ferner, wie sie dann auf das Versteck im Norden der Stadt gekommen seien.

Urs erwiderte: „Dieses wurde uns ebenfalls brieflich und anonym bekannt gegeben. Bei der ersten Entführung gab es auch keine Friktionen, niemand suchte dieses Haus auf. Erst bei der Entführung der Wettsteintochter kamen Leute vom Bauamt der Stadt vorbei und wollten das Haus betreten. Dieser Besuch hat uns dann veranlasst, Bettina Wettstein in ein anderes Versteck zu führen beziehungsweise in den alten Bunker zu verlegen."

Torsten fragte nach dem Honorar, das Urs und der verstorbene Mike für die OB-Entführung erhalten hatten.

Urs bestätigte seinem Rechtsanwalt, dass sie dieses bekommen hätten. Es sei aber bei der Polizeiaktion in ihrer Wohnung aufgeflogen. Die Polizei wisse wo sich das Geld befinde, nämlich in einem Schließfach einer großen Bank.

Bereits ein halbes Jahr später kam es zum Prozess. Die Staatsanwaltschaft beantragte eine unbedingte Gefängnisstrafe von sechs Jahren. Die Strafe, so der Staatsanwalt weiter, solle aber nicht in einer Justizvollzugsanstalt verbüßt werden, sondern in einer geschlossenen psychiatrischen Klinik.

Im Verteidigungsplädoyer hielt Torsten fest, dass sein Mandant gemäß einem Gutachten nur vermindert zurechnungsfähig sei und ihm die Erfahrungen in Afghanistan und der Tod seines Kumpels Mike arg zugesetzt hätten. Ferner betonte Torsten, Urs habe im ersten Fall, bei der OB-Entführung, im Auftrag eines Dritten gehandelt. Auch würde für ihn sprechen, dass die beiden Entführungsopfer gut behandelt worden waren. Und schließlich sei Urs von Mike, der physisch und auch psychisch immer der Stärkere gewesen sei, zu diesen Taten angestachelt worden.

Nach minuziöser Abwägung aller Umstände verurteilte das Gericht den ehemaligen Soldaten Urs zu einer Freiheitsstrafe von viereinhalb Jahren, zu vollziehen in einer geschlossenen psychiatrischen Klinik.

Wie ging es weiter, was geschah mit den involvierten Figuren?

Dr. iur. Torsten Mulander, der in langen Nächten Entführungen entwickelt hatte und letztlich auch eine solche hatte ausführen lassen, arbeitete künftig als tüchtiger Anwalt in der Kanzlei seines Vaters mit. Seinen brisantesten Fall, die Verteidigung von Soldat Urs, hatte er bereits zu einem erfolgreichen Ende gebracht, indem er vor Gericht so geschickt plädierte, dass dies für seinen Mandanten, gemessen an den begangenen Delikten, eine relativ milde Strafe ausfällte. Niemand auf Gottes großer Welt würde je auf den Gedanken kommen, dass er, Torsten, der Kopf der OB-Einführung gewesen war und dass er, der solide und gescheite Rechtsanwalt, sogar einen Mordauftrag gegeben hatte. Er hatte ja stets umsichtig geplant und gehandelt und war auch nie direkt mit den Ausführenden zusammengekommen. Ihm konnte niemand gefährlich werden. Vielleicht aber kreisten seine nächtlichen Gedanken nun nicht mehr um Entführungen herum.

Stadtrat Simmerling, der maßgebend an der Entführung des OB beteiligt gewesen war, ging weiter seinem Stadtratsamt nach und bezahlte, nachdem ihm diese Entführung eine Menge Geld eingebracht hatte, seine Gläubiger pünktlich. Diese wiederum waren glücklich, dass ihre Rechnungen nun endlich in großen Raten und kontinuierlich bezahlt wurden. Keiner der Gläubiger stellte die Frage, weshalb Simmerling plötzlich termingerecht bezahlen konnte. Und wie stand es mit seinem Gewissen? Er wusste schon, dass er sich schuldig gemacht hatte. Vor sich selber rechtfertigte er diese Taten aber mit dem Geldmangel, der entstanden war, weil sein teures Eigenheim eben viel mehr gekostet hatte als ursprünglich angenommen. Und schließlich ging es ihm auch darum, sein hohes Amt als Stadtrat einer so bedeutenden Stadt zu behalten. Ja, der Zweck heiligte eben die Mittel. Oft dachte er an den Anonymen und überlegte sich, wie dieser auf ihn gestoßen sein konnte. Er wusste, der Anonyme könnte ihn, wenn er denn wollte, ans Messer liefern. Simmerling durfte aber auch davon ausgehen, dass dies nie geschehen würde. Dann nämlich würde auch die Maske des Anonymen fallen. Simmerling musste nie für seine Straftaten geradestehen.

Oberbürgermeister Frank Hirschling und seine Familie dachten noch häufig an die schlimme Geschichte zurück. Oft träumte Frank von seiner Entführung und wachte davon auf. Diese Tat hatte bei ihm und seiner Familie Spuren hinterlassen. Er fuhr nur noch mit einer gesicherten Limousine zur Arbeit und ließ sich beim Joggen von zwei Leibwächtern begleiten. Die Trainingsrunden absolvierte er seither an unterschiedlichen Orten. Sein Haus wurde fortan des Nachts von einer privaten Wachmannschaft kontrolliert und die Polizei bekam den Auftrag, vor allem zur dunklen Jahreszeit, vermehrt Patrouillen an seinem Anwesen vorbeifahren zu lassen. Am Haus wurden ferner zusätzliche Sicherheitsvorkehrungen eingebaut. Schlimm für ihn war aber der Umstand, dass es im Stadtrat immer noch Leute gab – und zu diesen gehörte namentlich auch sein Stellvertreter, Stadtkämmerer, Jens Gauke –, die immer noch glaubten, obwohl die Untersuchungen dies klar verneint hatten, dass er und seine Familie selber hinter der Entführung gesteckt haben könnten. Gauke hatte auch den Antrag gestellt, einen Teil des von der Stadt bezahlten Lösegelds solle der OB persönlich übernehmen. Bei der ersten Behandlung dieses Traktandums wehrte sich vor allem Stadtrat Simmerling für den OB und verlangte, den Antrag um eine Teilrückzahlung des Lösegelds abzulehnen. Dieses Geschäft blieb aber noch lange pendent. Frank Hirschling war nie auf die Idee gekommen, dass Simmerling von seiner Entführung profitiert hatte.

Oberst Wettstein hatte für die Lösegeldzahlung auf Mittel seiner Eltern und auch der Schwiegereltern zurückgreifen müssen. Sonst wäre er nicht in der Lage gewesen, für die Freilassung von Tochter Bettina die geforderten fünfhunderttausend Euro zu bezahlen. Die Arbeitgeberin des Obersten, die Bundeswehr, war nicht bereit gewesen, Wettstein finanziell zu helfen. Jetzt, wo die Täter geschnappt waren, bekam die Familie das Lösegeld – mit Ausnahme eines kleinen Teils, der von den Soldaten ausgegeben worden war – zurück. Tochter Bettina leidete aber noch lange unter ihrer Entführung. Sie musste auch ein Jahr danach noch wöchentlich psychologische Hilfe in Anspruch nehmen. Das Leben von Oberst Wettstein und seiner Familie hatte sich durch diese Tat verändert. Die Familie war ängstlicher geworden. Bettina wurde nun immer von ihrer Mutter in die Schule gefahren und auch dort wieder abgeholt. Wettstein zerbrach sich den Kopf, weshalb die beiden Soldaten ausgerechnet auf ihn und seine Familie gestoßen waren. In Afghanistan hatte er nie direkten Kontakt mit ihnen gehabt.

Die Soldaten: Mike war von Killer Robert vor seiner Haustüre erschossen und Urs angeschossen worden. Letzterer war bereits verurteilt. Die Strafe wurde aber infolge seines schlechten psychischen

Zustands zugunsten einer stationären Behandlung in einer geschlossenen psychiatrischen Klinik aufgeschoben.

Viktor, der im Auftrag von Torsten in Amsterdam den Killer Robert engagiert hatte, ließ nichts mehr von sich hören. Er las die Berichte über die Entführungen des OB und der Wettsteintochter und auch, wie diese ausgegangen waren. Wer sein Auftraggeber gewesen war, fand Viktor nie heraus. Sein Auftraggeber aber kannte ihn. Dieser durfte aber kein Interesse daran haben, ihn ans Messer zu liefern. Und Killer Robert, den er im Auftrag in Amsterdam angeheuert hatte, stellte dieser für ihn eine Gefahr dar? Hatte Robert bei seiner Einvernahme durch Polizei und Untersuchungsrichter etwas über ihn, Viktor, gesagt? Er wusste es nicht. Jedenfalls wurde Viktor von der Polizei nie behelligt. Schließlich vernahm er über das Fernsehen, dass Robert auf der Flucht in einem holländischen Städtchen erschossen worden sei. Also konnte ihm von dieser Seite her nichts mehr passieren. Er ging straffrei aus.

Killer Robert war bei seiner Flucht mit Geiselnahme von einem Scharfschützen eines SEK erschossen worden. Seine Ex Freundin, Jolanda Kupferdach, erfuhr über die Medien von dieser

Entwicklung. Trotz allem trauerte sie um ihn. Der Kumpel von Robert, Kajan, war damals verhaftet worden. Er saß noch einige Monate in der großen deutschen Stadt in Untersuchungshaft. Die Ermittler hofften, von diesem Mann mehr über Robert den Killer zu erfahren. Kajan wusste aber nicht allzu viel über Robert – lediglich, dass dieser im Verbrechermilieu als gefürchteter Killer galt.

Die Behörden lösten die Sonderkommission schließlich auf. Sie suchten aber weiterhin nach dem Anonymen, den es ja geben musste. Die Aussagen von Soldat Urs und von Killer Robert waren in diesem Teil deckungsgleich. Beide behaupteten, von einem Dritten den Auftrag bekommen zu haben, und beide sprachen von konspirativen Briefkästen. Aber eben, wer könnte dieser Anonyme sein? Spuren hatte dieser keine hinterlassen. Nach ihm wurde weiter gefahndet. Die Fahndung verlor aber von Monat zu Monat an Fahrt. Torsten ging den Häschern auch später nicht ins Netz.